VoG

VoG Verlag ohne Geld e.K.

n.36

Maria Cristina Picciolini
Ada Zapperi Zucker

Due mezzi volti di un'isola

Un dialogo a distanza

Ai miei genitori che si sono arresi al mio spirito ribelle. Grazie

Maria Cristina Picciolini

ISBN 978-3-943810-38-7

Registergericht München HRA 99261
www.verlagohnegeld.de
Impaginazione: Heinz Weih
In copertina: Maria Cristina Picciolini, *Chi sono*, 2021

Maria Cristina Picciolini nasce nel 1966 ad Orbetello in provincia di Grosseto.
Si diploma all'accademia di Belle Arti di Firenze.
Dopo l'Accademia insegna, organizzando corsi di disegno e pittura nel suo paese di origine.
Nel 1994 si trasferisce in Germania e fino al 2014 insegna disegno e pittura presso la *Freie Akademie* di Monaco di Baviera.
Ideatrice e organizzatrice di 150 opere donate da artisti di tutta Europa per l'ospedale di Orbetello.
Ha partecipato a mostre collettive in alcune gallerie tedesche.
Ideatrice e organizzatrice di una collettiva di 26 artisti nella cascina dei conti Jacini nel comune di Tregasio (Brianza)
Dal 2015 vive e lavora a Siracusa come pittrice, illustratrice e autrice.
www.picciolininellarte.com

Come illustratrice:
Distanze, di A.Pellai, 2012
La casa in riva al mare di E. Bellini, 2019

Come autrice:
Mare Magnum, 2014
La vita che mi guarda e ancora mi ispira. Poesie. 2016
Intuizioni d'autore. Saggio. 2016
Lische di pesce. Saggio. 2017

-o0o-

Ada Zapperi Zucker è nata a Catania. A Roma ha iniziato gli studi di canto e pianoforte per poi concluderli alla *Musikhochschule* di Vienna. Insegna canto in Germania e in Sudtirolo.

Ha collaborato al *Dizionario Biografico degli italiani dell'Istituto Treccani, all'Enciclopedia dello Spettacolo* e *all'Enciclopedia Universo De Agostini.*

Cantante lirica ha svolto la sua attività prevalentemente all'estero, soprattutto in Austria e Germania. Col pittore sudtirolese Gotthard Bonell ha studiato pittura e partecipato a diverse mostre.

I suoi scritti letterari hanno ottenuto vari premi nazionali e internazionali, i più importanti sono:

2015 Primo Premio *San Domenichino* per i racconti *La Cucchiara*
2012 Primo Premio *Casentino* per il romanzo *Teatro di ombre*
2012 Premio *Stiftung Kreatives Alter*, Zurigo, per i racconti *Le inquietudini della sora Elsa*
2011 Primo Premio *Chianti*, per il romanzo *Il silenzio*
2008 Primo Premio *Giovanni Gronchi*, per i racconti *La scuola delle catacombe*

La Sicilia è ricca di ingegni vivacissimi, è la terra vergine che ha incubato nella sua oscura storia risorse sconosciute... Ma essa non è andata di pari passo con le regioni più evolute della Penisola. È rimasta chiusa in un lungo letargo: quelli dei figli che si sono svegliati portano tuttora i segni del torpore... (pag. 14)

S.Aglianò, Questa Sicilia, 1982

Se tu potessi vedere... ancora con i miei occhi

Siracusa, gennaio 2021

Cara Ada,

stamani portando i cani a spasso verso il mare con quel freddo che di freddo non ha niente in confronto al tuo gelo nordico in questo periodo, ti ho pensata e ho sorriso, perché avrei voluto inviarti una foto, si, sai, una di quelle che fermano il momento e chi la riceve vive quasi lo stesso istante; insomma come si fa con i cellulari moderni, che purtroppo tu ti rifiuti di comprare, e allora io mi irrito un po', perché non posso farti vedere con i miei occhi questo momento magico che è l'alba del Mediterraneo. Con i miei occhi? Scusa, volevo dire con i tuoi occhi! Poi certo, vorrei raccontarti e farti ricredere di tante cose belle che riguardano questa isola e che ti riguarda, diversamente da quello che tu pensi e molto di più di quello che tu immagini, ma questa è un'altra cosa che richiederebbe altre immagini, altri colori, altre storie e forse una passeggiata seria tra amiche che non si vedono da troppo tempo. Comunque dillo che lo fai apposta... hai un saper fare con gli altri che ti contraddistingue sempre, cioè alla fine trascini tutti quelli che ti vogliono bene a mettersi davanti ad una pagina bianca e a scriverti per raccontarti di noi e di come passa il tempo lontano da te, mentre leggiamo i tuoi libri che ci portano a viaggiare di continuo tra la Sicilia, il resto dell'Italia e quel tuo amore sfrenato che si è fermato nel sud Tirolo, cioè in quella zona di confine che a me non è mai piaciuta tanto, perché ho sempre avuto l'impressione che le persone hanno un cuore con le arterie austriache e le vene italiane, e che quando batte, niente si collega e tutto si annulla. E dunque, quando non si è austriaci e nemmeno italiani, oppure quando si è un po' di tutti e due, che cosa si è veramente?

Quando mi sono trasferita in Germania, ho capito di essere fortemente italiana.

Ti vedo sai, sorridi con la tua mente vivace, curiosa e tagliente sempre al momento giusto, proprio come l'aria siciliana di stamani. Lo dovresti vedere, il mare disteso, azzurro e calmo, fresco nell'inverno con quella luce chiara e limpida che risalta quel rigo che lo separa dal cielo.

L'unico orizzonte fedele che attende, fa spazio all'amico sole che sale e che diventa così grande che con un po' di fantasia ci stanno dentro una coppia abbracciata e forse anche un cane al guinzaglio che guardano il mare. Forse dovrei smetterla di vagare con la mente, ma poi so che basta un attimo per agganciarmi a qualche pezzo di realtà che ho vissuto; infatti, ti dirò che ho un ricordo lontano, sai di quelle cartoline romantiche di molti anni fa che arrivavano per posta da Paesi oltre Oceano da amici benestanti che potevano viaggiare.

Già, la parola viaggiare! Nel dizionario dei miei genitori era inesistente, cioè era qualcosa di raggiungibile solo con la mente o con i racconti degli altri. E mio padre, che per natura era curioso e amante della bellezza, ma soprattutto non conosceva né l'invidia e nemmeno la gelosia, e che quando la trovava negli altri, la riteneva anche stupida, ricordo che mi diceva sempre, che se nella vita non puoi viaggiare fisicamente, lo devi fare inevitabilmente con l'immaginazione. Da piccola, ammetto che non li capivo tanto tutti questi discorsi, poi nel tempo ho capito che mi hanno aiutato ad usare bene l'immaginazione. Ero una bambina vivace e instancabile. Me ne stavo sempre tra il giardino e il viottolo che mi portava dalle mie amiche e al mare. Poi però crescendo, nel periodo dell'adolescenza, come per tutti i giovani, gli spazi iniziavano a starmi stretti e il desiderio fisico di vedere oltre l'orizzonte si faceva sentire. Mi ricordo che un giorno, mentre stavo aspettando mia madre che finisse di farsi i capelli dalla parrucchiera, sfogliavo delle riviste di moda e all'improvviso sbucò, da una pubblicità a fondo pagina, l'immagine di un'olandesina vestita con l'abito tradizionale che pubblicizzava un viaggio ad Amsterdam. Rimasi così colpita da quella immagine che tornando a casa chiesi a mia madre di comprarmi per carnevale un vestito proprio come l'olandesina. Dissi a me stessa, che se non avessi potuto viaggiare fisicamente avrei voluto sentirmi addosso qualcosa che mi facesse sentire altrove. Lei mi guardò e mi promise che l'avrebbe fatto, però prima partì una ramanzina che sembrava non la moglie di mio padre, ma la gemella!

Mi guardò fissa negli occhi, e quella volta devo dire che fu molto incisiva: «nella vita non devi raggiungere chissà quali mete, la vita ci pensa a tua insaputa a mostrarti il tuo cammino; è che devi solo imparare ad osservarlo con attenzione perché è proprio in quello spirito di osservazione e in quello che tu veramente desideri che puoi scoprire gli strumenti che ti servono per vedere con chiarezza la bellezza di cui sei circondata.» Ma io a dieci anni, quasi undici, di tutto questo discorso, avevo assimilato solo la parola, *strumento,* e dunque pensavo che per raggiungere quello che volevo, bastasse suonare un violino, o un flauto, insomma per me lo strumento era altro, era magia! Povera mamma e povero babbo, pensavano che fossi un'adulta capace di intendere e di volere, come erano stati loro a quindici anni quando crescevano e si confrontavano assieme ai loro fratelli. E invece avevano davanti a sé la loro unica figlia, coccolata e servita di tutto punto, talmente in simbiosi con la natura che era quasi pronta a staccare il cordone, per conoscere la vita al di fuori di sé stessa.

Cara Ada, ma ti rendi conto, di cosa mi parlavano i miei genitori, soprattutto mio padre... di bellezza!! Cioè, quest'uomo che aveva fatto solo la quinta elementare, ultimo di otto figli, orfano a diciotto anni di entrambi i genitori, e aveva iniziato a lavorare che era un adolescente e a trent'anni era già un uomo con delle radici addosso da far paura, mi parlava di bellezza! E tra le righe mi diceva che senza il sacrificio, la volontà e anche quel timore perenne di non farcela, non sarebbe mai riuscito a dare un senso a tutta la sua vita.

Ecco, a volte penso che mi porto addosso le sue orme sul cemento.

E poi i suoi sorrisi, che sono stati più importanti di tutti, perché mi hanno sempre suscitato fiducia, speranza e un abbraccio nell'anima. A volte penso: ma non è in fondo tutto questo che mi ha permesso di scegliere e fare quello che ho voluto? Non so, ho la sensazione che ogni bambino dovrebbe avere alla nascita una specie di 'giuramento' da parte dei genitori, impregnato di fiducia, stimoli e ascolto. Poi però, se penso a mio padre, che apparentemente non aveva ricevuto niente di tutto questo e nonostante tutto sapeva trasmettermi delle cose importanti, allora mi si annulla ogni certezza.

Tornando ai viaggi, senza dubbio per noi che vivevamo al centro dell'Italia, anche la Sicilia era una meta lontanissima, ma per te che c'eri nata e che per esigenze della tua famiglia eri pronta a lasciarla, probabilmente tutto sembrava raggiungibile.

Non so se te l'ho mai raccontato, ma dalla mia nascita fino all'età di 27 anni ho vissuto nella bassa Maremma, ai confini con il Lazio, cioè in quella zona dove il popolo degli etruschi ha lasciato un segno molto ben visibile ancora oggi. Devi sapere, che ovunque io giocassi da piccola, ero sempre tra rocce e reperti archeologici e, senza rendermi conto, mi muovevo tra storie vissute di naviganti e commercianti che erano passati di là. Quando giocavo spostavo sassi, scavavo nella terra e mi nascondevo tra le grotte facendo finta che qualcuno mi stesse cercando. Nel frattempo, ero circondata da perenni odori di rosmarino, salvia e menta con un sottofondo di mare che richiamava spesso la mia attenzione, perché devi sapere che quando il vento cambiava e arrivava lo scirocco le onde sbattevano talmente forte sulla roccia che gli schizzi arrivavano fino alla vetrata del salotto. Ancora oggi quando sento quegli odori, rivedo quella bambina con lo sguardo e le orecchie sempre tese.

La memoria del gioco ho la sensazione che racchiuda la chiave per sentire il proprio destino.

Fino all'età di sette anni ho vissuto in una casa su una scogliera molto alta. Era bianca con le persiane celesti e un patio molto grande che richiamava lo stile greco per i colori e lo stile spagnolo nella distribuzione degli spazi. Nonostante sia un ricordo lontanissimo, ho ancora nitida l'immagine di me in quella casa dove negli occhi avevo il mare, due tartarughe e un cane di cui non ricordo più il nome. Ricordo che gironzolavo instancabilmente tra dentro la casa e fuori in giardino marcando sempre la mia presenza con degli zoccoli di legno rossi che indossavo da maggio fino a ottobre. In testa avevo tanti riccioli scuri sempre spettinati che con il vento di scirocco diventavano capricciosi e risaltavano la mia irrequietezza che poi in fondo, era solo tanta curiosità. Ci fu un giorno che ricordo molto bene. C'era molto vento che fischiava ed entrava dalle fessure delle finestre con una forza quasi bestiale. Avevo cinque anni e delle gambe velocissime, così iniziai a correre dal corridoio della mia camera verso il salotto, con quel rischio e quel coraggio che anticipa l'avventura, cioè che le vetrate potessero rompersi per la grande forza della tempesta che stava arrivando. Mi posizionai in ginocchio sul divano con il mento appoggiato sullo schienale e la faccia rivolta verso l'orizzonte che era un'immensa schiuma bianca. Quando arrivò il primo schizzo, sobbalzai e lanciai un urlo che non so se fosse di gioia o di paura. Poi nell'attesa dell'onda successiva, iniziai a contare i secondi con il pollice, l'indice, il medio e l'anulare, lasciando al mignolo l'ultimo fremito di quando sarebbe arrivato il prossimo schianto. Sì, le onde si schiantavano e facevano un boato pazzesco ed era chiaro che passione e paura per il pericolo vivevano insieme e dentro di me. A differenza di altri, dove le tempeste incutono paura, io non so perché ne ero misteriosamente attratta al punto da farne il mio gioco preferito, la mia sfida. Ecco, in quei momenti, a mia insaputa, il tempo non aveva né regole e né appuntamenti, la burrasca aveva solo il suo tempo, mentre la mia testa di bambina sperimentava la forza della natura e la mia forza interiore. Avrei voluto avere la possibilità di registrare tutto da qualche parte, giusto per riascoltare quei suoni e ricordarmi di me tutte le volte che poi mi sarei sentita sola. Si, sola!

La solitudine e la fantasia spesso diventano le migliori amiche, soprattutto da piccoli.

Devi sapere, che la casa era circondata da molto verde e molta roccia; c'era una scalinata in cemento e ferro battuto costruita apposta per scendere nella calata a mare. La scogliera era molto alta e per tutti quei sette anni, mi fu vietato severamente di scendere da sola perché mi sarei sfracellata nella roccia ancora prima di farmi risucchiare dalle onde. A forza di dirmelo lo capii bene a tre anni e anche a quattro, ma con cinque anni e tutta la curiosità che avevo, persi quel senso di responsabilità che mi faceva sentire piccola. Un giorno di agosto, mentre i miei genitori riposavano, dove l'afa si faceva sentire e il caldo superava i 30 gradi, mi avventurai. Era da giorni che nessuno trovava il tempo di portarmi al mare ed io annoiata da questo mondo di adulti, cioè di grandi lavoratori e basta, lo feci con determinazione e solo con il gran desiderio di farmi un bagno, assaporando quella voglia di sentirmi grande che uno conosce bene, quando vive da figlio unico.

Cosa feci quell'estate del 1971? Presi, il mio piccolo zaino, aprii il cancello di casa e mi incamminai per un chilometro lungo la strada che porta alla spiaggia, dove ero solita andare con il babbo. Dopo duecento metri, incontrai un signore che tagliava delle siepi, ricordo che mi guardò all'inizio di striscio, poi con sospetto, poi spense la motosega e si mise le mani sui fianchi, osservandomi fino alla curva. Eh, certo, un dubbio gli passò per la testa del perché io fossi sola, in fin dei conti che ci faceva una bambina di cinque anni giù per una strada trafficata da auto e motorini dove nelle ore più strane facevano pure a gara? Nel frattempo, passò un'ora buona da quando i miei si svegliarono e non mi trovarono. In un primo momento non si resero conto della mia assenza, poi dopo aver accertato che non ero in nessuna parte della casa e del giardino, si misero le mani nei capelli e piangendo si scapicollarono giù per quella scala che porta alla calata, perché solo li potevo essere finita, tra le rocce e il mare. Dunque, mentre io rischiavo di perdere i miei genitori, che volevano buttarsi in mare per cercarmi con tutte quelle onde portate dal vento, io mi ero sistemata, col mio asciugamano, sulla spiaggia, proprio vicino al baretto di Enrico. Mi ritrovarono dopo un paio d'ore, perché qualcuno si allarmò vedendo questa bambina tutta sola al mare; ma nessuno poteva immaginare nemmeno lontanamente cosa ero stata capace di fare nella mia apparente incoscienza, mascherata già da quel senso di responsabilità. Mia madre quando mi vide così tranquilla sdraiata sul mio asciugamano sulla spiaggia non ebbe nemmeno la forza di arrabbiarsi, e mio padre scoppiò a ridere; insomma che dire, diciamo che mi andò bene e che questa prima avventura della mia vita, portò la consapevolezza ai miei genitori di avere una figlia che andava seguita e assecondata un po' di più e a me portò la conferma che ero diventata importante per loro.

I bambini quando giocano molto da soli, all'improvviso poi chiedono attenzione, ed io lo facevo brutalmente.

Non ti nascondo che seguirono tante altre avventure un po' per la voglia di libertà, un po' perché mi sentivo sicura delle mie azioni e un po' per fare un dispetto in più ai miei genitori che di farmi un fratellino non ne avevano proprio voglia. Nel frattempo, la mia fantasia cresceva in quegli anni ma nessuno se ne accorgeva veramente. Ero diventata un po' come le piante selvatiche intorno casa, cioè selvatica con l'odore di selvatico addosso.

Ho saputo che ha nevicato molto ieri notte da voi a Monaco, qua al sud invece, sul bordo degli scogli nascono fiorellini gialli e viola, chissà se ti fa un certo effetto o se ti affiora un dolce ricordo?

Maria Cristina

I tuoi occhi… i miei occhi

München, febbraio 2021

Mia cara,

mi proponi di gettare uno sguardo su un mondo che non vedo più, che fa parte di un passato per me ormai assai remoto: la Sicilia vista con gli occhi di una non siciliana! Non sei la prima. La mia isola ha affascinato già nel passato una quantità di forestieri, soprattutto grandi personalità di cultura internazionale, come tu sai. La Sicilia è in ogni caso la parte più esotica dello Stivale, con testimonianze di antichissime civiltà, altrove quasi scomparse, partendo dai Sicani di circa tre mila anni fa, per passare ai Siculi, ai Fenici, Greci, Romani, Bizantini, Arabi, Normanni, Aragonesi… e ognuno ha lasciato tracce ancora visibili, oltre a noi siciliani, mescolati e rimescolati a questi popoli!

Ma non affascina un siciliano. E forse mi sbaglio, come sempre. Infatti, nonostante non abbia nessuna intenzione di vivere in Sicilia, ogni volta che torno mi sembra di scoprire una terra sconosciuta, ricca di cultura o meglio di passato culturale; in ogni caso esotica e del tutto diversa dai miei ricordi infantili.

Hai mai pensato perché?

Ognuno di noi vede in un modo tutto suo particolare, a seconda delle situazioni ma anche dell'età. Stranamente le stesse cose, lo stesso cielo, tanto per citare qualcosa di assai comune, viene visto ogni volta, da ogni singola persona, in modo diverso. Un fenomeno interessante che ci dà la misura della complessità di ogni essere umano; forse anche gli animali non sono esenti da queste manifestazioni di carattere visivo. Chi lo sa? In fondo neanche il singolo individuo sa spiegare il mistero della diversità delle sue percezioni. Dipende dal bagaglio di conoscenze e soprattutto di esperienze che ognuno si porta dentro, che alla fine influisce anche sul nostro modo di vedere? E si può dire la stessa cosa riguardo a quell'insieme di percezioni che formano il nostro mondo fuori di noi: suoni, colori... già, i colori!

Tu più di ogni altra dovresti sapere cosa significa per te un colore piuttosto di un altro, ma non soltanto questo: in un certo particolare colore solo tu vedi ciò che nessun altro può vedere. Ma non basta: scegliere un colore significa ogni volta prendere una decisione, cercare di risolvere un problema che va molto più in profondità di quanto si creda. Tu lo sai meglio di me che ogni pittore ha dei colori preferiti e, anche se questo processo avviene in fase inconscia, in realtà c'è dietro una lunga elaborazione, un confluire di ricordi magari lontani e già cancellati sul piano cosciente, ma ben stabili su altri, più importanti piani.

Ci hai mai pensato?

Io sono sempre affascinata da questi fenomeni oscuri, da questo continuo lavorio del nostro cervello; da questo continuo confronto fra conscio e inconscio; fra ciò che pensiamo di volere liberamente mentre al contrario siamo guidati da forze a noi sconosciute, nascoste nel profondo più profondo, tanto più potenti e irriducibili: un motore instancabile che ci aiuta, che guida le nostre scelte, decide per noi, ma anche sovverte il nostro modo di vedere, sentire, capire. Se ci pensi bene, il nostro cervello è più o meno il padrone assoluto di ogni nostra azione, pensiero, desiderio oltre che dei famosi sentimenti. Per lo meno questa è la mia sensazione, quasi fossi in mano di una forza che va oltre la mia volontà... d'altra parte cos'è la volontà?

Chiudo l'ennesima digressione.

Mentre scrivo vedo dalla finestra (la mia scrivania è proprio davanti alla finestra, ricordi?) che sta di nuovo nevicando; posso dire che da un momento all'altro i tetti delle case di fronte sono bianchi; sui rami dell'albero, qui davanti a me, cominciano ad ammucchiarsi veri cuscinetti di neve: si ripete il grande momento magico che anche tu conosci. So già che le mie nipotine, Anne e Lilly guardano incantate da dietro i vetri della finestra: la neve per loro è sempre motivo di gioia sfrenata. Appena attraversano la strada, infatti, si trovano in un grande prato dove fra l'altro c'è anche uno Spielplatz con scivolo e altri giochi. Ma loro preferiscono scivolare lungo tutto il prato con una specie di padella di plastica sulla quale si siedono, sfiorando la neve. Recentemente mia nuora mi ha mandato una foto (non a me perché naturalmente non ho uno Smartphone ma a mio marito): queste deliziose bambine sembravano essere uscite direttamente da un letamaio. Ha scritto solo che le avrebbe infilate vestite nella vasca da bagno! Infatti, a forza di scivolare anche la neve finisce e si ritrovano sulla terra nuda. Ma neanche questo le scoraggia.

Al contrario, cosa significa per me la neve? Il mio primo incontro con questo fenomeno atmosferico avvenne a Roma, credo poco prima che finisse la guerra. Nessuna esplosione di gioia, nessuna attesa di insperati divertimenti ma solo paura di scivolare: le mie scarpe erano inadatte per andarci sopra, senza contare i vestiti, sì, i vestiti, perché non avevo un cappotto, e il freddo. Lo sapevi che ai miei tempi in Sicilia pochissime persone possedevano un cappotto? Mia madre fu costretta a comprarmene uno, già confezionato (allora un lusso senza fine) proprio a Roma, subito dopo la fine della guerra. In realtà in Sicilia l'inverno non è mai freddo, forse dovrei scrivere 'era', perché forse adesso è cambiato qualcosa. Ad ogni modo, finché ho vissuto in Sicilia, non ho mai avuto bisogno di un cappotto. Questo per concludere con la neve e la nostra percezione diversa su uno stesso fenomeno.

Tu mi scrivi del mare, della tua fascinazione alla vista della linea dell'Orizzonte lontana, ma sempre presente, che sembra separare la terra in due parti. E il sole che si tuffa nel mare per poi risorgere. Ogni giorno uguale. Ogni giorno lo stesso miracolo, e io rispondo con la neve. Che dire? Forse perché avevo il mare a due passi, da bambina, i miei genitori non mi portarono mai sulla spiaggia, alla Plaia, che non ho mai visto, ma in montagna, sull'Etna. Da qui forse il mio amore per le montagne, per le Alpi, per tutto ciò che si eleva verso il cielo? Non so. So solo che quando i miei bambini erano piccoli, ogni anno dovevo andare al mare per le vacanze di Pentecoste (le due prime settimane di giugno, ricordi?) e per me si trattava di un vero sacrificio, perché... quasi non oso dirlo, perché non amo il mare. Ne ho già scritto altrove e ogni volta sento di dire un'enormità. Inoltre, il mare ha per me un'attrazione particolare, nel senso che mi invita ad andare oltre, ad attraversarlo, a cercare altre terre, altri luoghi: dipenderà dallo stretto di Messina? Passare quello stretto ha sempre significato avventurarsi sul Continente (lo sai che almeno ai miei tempi l'Italia era il Continente per antonomasia? Adesso forse è cambiato anche questo), uscire dalle strettoie di un'isola e con essa dai limiti che la sua civiltà, la sua storia millenaria, in qualche modo imponeva e forse ancora impone.

Le bellezze naturali, i resti di quelle antiche civiltà, mi hanno sempre dato il senso del passato che incombe, che schiaccia, che limita. Una sorta di decadenza continua, un non riuscire a liberarsi dalle macerie di un passato non sempre glorioso, anzi spesso opprimente, specie se penso a tutti i problemi legati al nucleo familiare, al rapporto uomo-donna, padri e figli. Già nella prima infanzia avevo notato questo sistema: due pesi due misure. Da una parte i fratelli cui era permesso uscire, giocare con i compagni, divertirsi come volevano; dall'altra io sempre chiusa in casa, senza amichette, senza neanche il desiderio di averne... non si desidera ciò che non si conosce? Le mie compagnucce di scuola vivevano come me e non ci incontravamo mai fuori della scuola, ci pensi? La mia amica del cuore, con la quale percorrevo il lungo tratto di strada casa-scuola, non è mai venuta a casa mia né io a casa sua. Non si usava e basta. Tu vieni dalla Toscana e non puoi capire cosa significa essere nata in Sicilia, da una famiglia tipicamente e atipicamente siciliana, averne subito le restrizioni da parte materna, e il desiderio di evasione da parte paterna. Cioè messa fra due poli che più contrastanti non potevano essere.

Lo stretto di Messina: l'unica possibilità di scappare dall'isola, secondo il punto di vista di mio padre che addirittura volle che le sue ceneri venissero disperse nelle sue acque e non nella tomba di famiglia, dove arrivò l'urna vuota. Ma anche di questo ho raccontato altrove. Dall'altra parte mia madre che mai l'avrebbe attraversato e... infatti riposa nella terra dalla quale mai si sarebbe separata.

Bellissimo l'episodio della tua infanzia, il tuo desiderio di andare da sola al mare. Già allora si annunciava la donna che sei poi diventata. Per fortuna hai avuto genitori che hanno accettato, anche se un po' preoccupati, questo tuo straordinario impulso o volontà di indipendenza. So di altri genitori che in una situazione simile ti avrebbero affibbiato come minimo un paio di schiaffoni con l'aggiunta di chissà quali rimproveri e proibizioni future. Complimenti! Hai avuto fortuna.

Io a cinque anni ho fatto ben altre esperienze: bombardamenti notturni, un viaggio verso una terra sconosciuta (Roma) per sfuggire all'arrivo degli alleati (e ci siamo messi nelle mani dei tedeschi diventati di colpo nemici), quindi paura di qualcosa che incombeva, qualcosa di estremamente pericoloso. Ne ho scritto in un libro, dal punto di vista delle vendite piuttosto sfortunato: *Un'infanzia quasi felice*.

Certo. La gente vuole leggere solo di infanzie felici... tutti vogliono vedere nell'infanzia il periodo più felice della vita, dimenticando i momenti di grande infelicità, la disperazione di non essere capiti, le delusioni, le frustrazioni, le paure ingiustificate che normalmente costellano l'infanzia di tutti.

Come vedi, ho sbagliato il titolo.

A proposito di titoli, ti svelo un segreto editoriale, che poi è il segreto di Pulcinella: un libro si vende quasi sempre per via del titolo.

Mi chiedo ancora adesso se il mio amore per le montagne sia nato nell'infanzia: confesso che durante questo lungo periodo di chiusura, quando per motivi che purtroppo tutti conoscono (pandemia), non mi è più possibile attraversare le Alpi, sento uno scontento, un vuoto che si allarga sempre più: ho bisogno di montagne.

In questo momento, mentre scrivo di vuoto, comincio a intuire il mio smarrimento di fronte al mare: è il senso di vuoto, di immensità, del non conosciuto che mi ha sempre spaventato, cosa che le montagne non hanno. Le sento quasi come una protezione contro il vuoto infinito che mi si para davanti. Amo invece moltissimo i laghi, vado sempre a cercarli, perché in fondo sono attratta dalla profondità dell'acqua e anche dalla sua trasparenza. Credo che gli esseri umani amino l'acqua in tutte le sue forme. Dipenderà dalle nostre origini acquatiche?

A proposito dei sudtirolesi, vedo che non li conosci. Io sono arrivata lì già nel 1975 e me ne sono innamorata (non dei sudtirolesi, ma del Sudtirolo): ero lì per incontrare un amico direttore d'orchestra che vi faceva una Tournée di Concerti insieme alla Haydn Orchestre di Bolzano. Quelle montagne ebbero su di me subito un'attrazione tutta particolare. Figurati che su due piedi decisi di prendere una casa di vacanza lì, il più possibile nascosta fra le montagne. Dopo una serie di peripezie trovammo un appartamento vicino

Sarentino, dove restammo ben 5 anni. Qui abbiamo trascorso ogni fine settimana: partenza venerdì e ritorno domenica sera. Che pazzia! Una bella pazzia sia per me che per i miei bambini che ne erano entusiasti: finalmente uscire dalla grande città e conoscere la vita di campagna; vedere le mucche nella stalla; i contadini nei campi e altre, tante belle esperienze che hanno arricchito la loro infanzia di nuove conoscenze.

Ma voglio arrivare alla conclusione: i miei più cari amici sono sudtirolesi di origine austriaca, soltanto pochi di origine italiana. Importante per i sudtirolesi è il loro forte, forse esagerato senso di identità con l'Austria; nonostante la loro annessione risalga ormai esattamente a 100 anni fa, continuano a sentirsi austriaci e basta. Mentre gli italiani che da qualche generazione vivono lì, non mi sembrano del tutto integrati col posto: sono rimasti veneti, siciliani, toscani e altro, cioè hanno mantenuto una loro identità in qualche modo italiana, ma non sono altoatesini. Non si sentono accettati dagli indigeni e pochi hanno imparato la lingua del luogo, cosa che in qualche modo li esclude dalla comunità. Confesso che io, nonostante parli il tedesco, ma non il loro dialetto, quando mi trovo in una riunione di soli sudtirolesi, magari durante una manifestazione culturale, mi sento un'intrusa. Ma dipende solo da me. Lo so. Io mi sento sempre un'intrusa, dappertutto. Chiaramente dipende da me e non dal luogo dove mi trovo.

La prossima volta voglio raccontarti del mio ennesimo incontro con i libri.

Ada

Fatalità e destino

Siracusa, marzo 2021

Cara Ada,

oggi l'Etna mi ha ricordato subito te. Avrei voluto che tu fossi qui con il tuo sorriso che quando si irradia... forse tu non lo sai... esce una bambina che porta con sé tante vite vissute, e forse la più segreta di tutte, quella siciliana. Poi come dici tu, ognuno oggi avrebbe visto cose diverse: tu avresti dipinto il tuo quadro con i tuoi colori e le tue forme realistiche cercando di riportare fedelmente l'immagine che ti è davanti, proprio come fai con i tuoi racconti e la tua mente, io invece avrei cercato di cogliere il gesto spontaneo; più significativo per me, cioè per la mia anima che ha sempre bisogno di sorprendersi.

Delle volte ho la sensazione che siamo stati costruiti per essere sorpresi. Non a caso cerchiamo sempre, attraverso quello che ci attraversa, qualcosa che ci sorprenda e stimoli l'attenzione alla novità, anche quando ci sentiamo al sicuro. Ecco, oggi, in questa strana sicurezza, l'Etna ci ha di nuovo stupito con una forte eruzione intorno alle 16.00, mentre il tramonto si stava preparando per illuminare la bellezza di cui è fatta Siracusa. Ti lascio immaginare che esplosione di combinazioni. Veniva proprio voglia di tirare fuori la tavolozza e divertirsi un po', invece fumava con un dinamismo che potevi solo rimanere a guardarla, lei, la *muntagna* per voi siciliani, l'Etna per gli stranieri e i forestieri, uno dei vulcani più attivi del mondo, con 40 km di diametro e 3400 metri di altezza a picco sul mare. Chissà se, quando eri bambina e passeggiavi sulla *muntagna,* qualcuno è riuscito miracolosamente a farti sentire la realtà di queste dimensioni con i suoi racconti, nonostante tu la vivessi così da vicino. Perché, non so se lo sai, ma è un po' come quando si insegna a disegnare o comunque ad osservare le cose che ci circondano: se una cosa ti sta troppo vicina, per vederla veramente ti devi allontanare, devi uscire dal suo diametro di attenzione, per poi tornare, dopo una pausa di riflessione, con uno sguardo più attento e di conseguenza diverso, nel tuo caso, distaccato da quel vissuto.

In tutti i tuoi libri c'è sempre qualcosa di fortemente vissuto legato alla Sicilia, un legame decisamente indissolubile.

Mi chiedo, ogni volta che osservo l'Etna e vado a fare delle gite nei paesini popolati che si trovano ai suoi piedi, con quale coraggio i suoi abitanti dormano la notte e quale idea di evacuazione immaginano nel caso di una esplosione fuori dalle righe. I siciliani sorriderebbero sentendo ad alta voce il mio pensiero, e forse mi risponderebbero, con un po' di fatalismo, *comu veni si cunta*. Questo è un proverbio, che quando l'ho sentito la prima volta, ho avvertito un senso di rassegnazione e mi ha messo in luce quel fatalismo di cui parla Verga nei suoi vari scritti, dove descrive la realtà sociale dei più svantaggiati, considerando impossibile modificare il male nel mondo, in questo caso nella Sicilia. Dal mio punto di vista, in questo fatalismo di cui parla Verga i siciliani ci hanno un po' sguazzato, nel senso che è diventata una vera filosofia di vita, se così la vogliamo chiamare, dove troppo spesso porta le persone a quel 'lasciare andare' le cose al loro destino, confondendosi con quella fatalità che avrebbe la natura sull'uomo. Ecco dunque che nasce quel senso di rassegnazione quando qualcosa non va, e troppo pochi si impegnano per modificarla e migliorarla.

La forza della natura diventa poi talmente accomodante che si estranea alla volontà e all'impegno dell'uomo. In fondo cosa era il fato nella Grecia antica? Era qualcosa di invincibile. Forse oggi l'Etna come tante altre volte ci sta rinfrescando la memoria, non so: per me c'è qualcosa di significativo nell'aria.

Nel pomeriggio a differenza della mattina il cielo era molto chiaro e dunque la vedevamo molto bene, nonostante fossimo ad 80 km di distanza. Il giorno dopo abbiamo trovato la cenere in giardino. Una scocciatura o meglio, una vera *camurria*! Ma per gli amici di Catania che ho sentito più tardi al telefono è stata un'esperienza come tante, sempre con quel misto di ansia e piacere, di ringraziamento e quella raccomandazione a tutti i santi, perché come tu ricorderai, da queste parti ce ne sono molti attivi nella mente e nelle case della gente.

La città è rimasta coperta di cenere tutta la notte, il giorno dopo hanno iniziato a spazzarla, un po' come si fa da te al nord con la neve, che prima di spazzarla bisogna però spalarla bene. A proposito sai, la montagna, era anche molto innevata in questi giorni e con la forte eruzione, la neve non si è sciolta ma è stata avvolta dalla cenere, come in una coperta calda. Questa me l'ha raccontata un bambino che vive ai piedi del vulcano. Che immagine meravigliosa!

Vedi, per un bambino cresciuto al nord questa sarebbe una immagine surreale che si può trovare solo dentro un libro di un bravo illustratore, mentre per i bambini siciliani questa è un'immagine reale e travolgente, quasi rassicurante, perché da queste parti, a differenza di altri posti, quando la neve si scioglie si ha la sensazione che non torni più e che la primavera sia già troppo vicina. Invece il fatto che se ne stia sotto la cenere è come se fosse custodita solo per qualche giorno, giusto il tempo di fare una pausa e poi tornarci a giocare.

Per un attimo sorrido e penso a quelle volte dove gli italiani prenotano la settimana bianca. Hai mai sentito dire che un romano, dove Roma si trova a metà dello stivale, prenota una settimana bianca sull'Etna con vista mare e un arancino da gustare? Certo anche le Dolomiti sono diversamente spettacolari ma non capirò mai questa moda e passione per il nord, per i canederli, i pizzoccheri e i crauti.

I contadini, comunque gli unici veramente entusiasti dell'eruzione, insieme agli artisti e agli spettatori che sanno riconoscere la forza e la bellezza della natura, hanno ringraziato la *muntagna*, perché come tu saprai, la cenere fa da concime; i vigneti (duecento cantine solo sull'Etna) da queste parti continuano a crescere, e già tanti dicono che il vino del 2022 sarà meraviglioso.

Purtroppo, in questo periodo dove di meraviglioso c'è solo la natura che se ne va per conto suo, mentre l'uomo sta in casa a guardarla dalla finestra come disconnesso da lei e dalla sua energia, spero fortemente che quando torneremo a vivere nella normalità (e questo succederà lo sappiamo tutti) impareremo ad ascoltare e ad apprezzare la natura come parte fondamentale dell'esistenza umana, paragonabile all'importanza dell'aria che respiriamo e alla luce del sole che illumina e nutre la nostra anima, e ci lasceremo forse un po' ispirare per cercare di cambiare quello che nella nostra vita non va più. In fondo, la verità alla quale molti sfuggono, è che qualsiasi scelta noi facciamo, cambia il nostro mondo, ed è un'eredità che lasciamo a chi verrà dopo di noi. Forse non dovremmo mai chiederci se una sola persona può fare la differenza, ma riconoscere che ognuno di noi fa quella differenza.

Non so se ti ricordi, perché sono passati già sette anni, qualche settimana prima che partissi ti raccontai per telefono che avrei lasciato la Baviera, che avrei lasciato per sempre la Germania e sarei tornata a vivere in Italia, ma questa volta in una zona del nord, per me ancora sconosciuta. Tu non mi rispondesti, rimanesti in silenzio per un bel po', mentre io cercavo le parole giuste per raccontarti il senso di questo nuovo cambiamento, che volevo condividere con te come un pensiero che mi ossessionava e cioè: quale novità poteva offrirmi di nuovo il mio paese, quando in vent'anni avevo già costruito tanto in Germania e avevo tutto quello che desideravo per sentirmi realizzata come donna e come artista?

Non te lo dissi, rimase tutto tra le righe e tra i miei dubbi e le mie paure, perché ritornare a quel qualcosa che già conoscevo, seppure in un'altra città dove non ero mai stata, ma con la stessa mentalità di sempre, mi spegneva la creatività alimentata invece da quel senso di internazionalità e comunità che avevo vissuto. Si, Monaco è stata per me una città internazionale, dove ho imparato a sentirmi sempre altrove senza per forza viaggiare.

Non ricorderai, ma cambiai discorso, ti dissi che mio marito aveva apprezzato molto la nuova posizione di lavoro ed io ero felice per lui e che adesso toccava a me aprirmi alla scoperta con positività.

Dopo quella nostra telefonata uscii con i miei cani a fare una passeggiata. Mi incamminai nel bosco come ero solita fare due volte al giorno. C'era tanta neve in quei giorni, e ad ogni angolo di strada si trovavano i soliti gruppi di bambini che si divertivano con gli slittini, precisamente come avevano fatto le mie figlie qualche anno prima. Amavo tutto quel bianco e quelle urla di gioia, c'era purezza, e c'era spazio per la mente che poteva liberarsi di tutto per riscrivere ogni volta qualcosa di nuovo. Era molto ghiacciata quel giorno la neve, scricchiolava sotto le mie scarpe ed era l'unico rumore che mi accompagnò per tutta la passeggiata insieme a quel gracchiare dei corvi che sembravano rincorrersi a vicenda con i cani. Si, faceva molto freddo, il vento però si era calmato e il sole che piano piano scendeva, abbagliava appena i miei occhi per offrirmi la possibilità di appoggiare le mie lacrime.

Amavo quei luoghi che profumavano di bambini in festa e di *kaiserschmarrn* fatto dalla mamma.

Ci trasferimmo a Milano e la scelta del quartiere fu l'unica cosa che mi coinvolse in quel periodo positivamente. Mi impegnai per cercare un appartamento e pur non conoscendo la città, lo feci trasportata dal ricordo di dove si erano formati molti artisti.

Scelsi Brera, per respirare l'aria che mi apparteneva. Anche tu immagino che lo ricorderai come il quartiere degli artisti, degli antiquari, delle gallerie, dei locali particolari alla moda e anche alternativi, un po' come quelli di Monaco che profumano di naturale e di biologico, che vanno molto di moda.

Al Parco Sempione iscrissi mio figlio alla scuola materna. Per evitare di prendere il tram e portarlo giusto per qualche minuto all'aria aperta, acquistai una bicicletta e riuscii a piazzarla al sicuro, tramite una raccomandazione, nel cortile della chiesa del Carmine. Da quel momento, tutti i giorni attraversavamo il parco, canticchiando e costeggiando il fascino del Castello Sforzesco e il parco giochi che a quell'ora sembrava abitato da fantasmi che approfittavano del silenzio, prima dell'uscita da scuola dei bambini. Il parco era molto grande e purtroppo presentava anche altre realtà a volte spiacevoli. Voltandosi verso le panchine più in ombra, c'erano alcuni barboni che di mattina si alzavano a fatica dalle panchine, ricomponevano quel poco che avevano e si recavano sotto l'unica fontanella per lavarsi alla meglio, con un freddo spesso bestiale. Mio figlio all'epoca aveva tre anni, tanta dolcezza e tanta voglia di giocare, e come tutti i bambini aveva anche occhi per vedere e sentire con quella sensibilità naturale che riconosceva le stranezze. Ricordo che mi chiese, cosa facesse un barbone mezzo nudo vicino alla fontanella. La mia risposta fu evasiva e fantasiosa e pensai che ci sono cose che i bambini non dovrebbero mai vedere.

La materna era una scuola privata, all'interno di un palazzo d'epoca. Aveva una sua filosofia di vita e offriva una corte interna di venti metri quadrati come spazio per giocare e respirare un po' d'aria, dove quattro classi di bambini uscivano a turno.

Ogni volta quando lo consegnavo alla maestra mi si stringeva il cuore, ripensando ai boschi, alle pecore, alle galline e a tutta la sua infanzia che avrebbe potuto trascorrere all'asilo nel bosco se fossimo rimasti in Baviera. Dovevo chiudere gli occhi per dare un senso a tutta questa scelta.

Le uniche alternative che compensavano il sacrificio di quella scelta era lo spazio al pian terreno dove le classi erano abbastanza ampie, e la mensa che a mio parere, aveva un ruolo decisamente importante. Nella cucina della scuola materna c'era un giovane cuoco che tutte le mattine prima di arrivare a scuola andava al mercato, comprava le verdure e la frutta fresche e seguiva la dieta macrobiotica, cioè quell'alimentazione che viene seguita da chi crede soprattutto che attraverso quello che mangi, puoi trovare l'armonia giusta tra mente e corpo. Pensavo io, lunga vita sana ai bambini, se guardi solo una faccia della medaglia, poi guardavo l'altra faccia e riflettevo sulla discrepanza, cioè Milano ha un tasso di mortalità talmente elevato per colpa dell'inquinamento che viene considerata la ventiduesima città al mondo per tasso di mortalità da smog. Quando tornavo verso casa in bicicletta mi chiedevo se era meglio non farci caso e andare avanti, perché tanto oramai non sappiamo più cosa raccontarci per salvarci la pelle, oppure se ero ancora in tempo per un cambiamento.

L'Accademia di Belle Arti era a pochi passi da casa, così ogni tanto prima di prendere mio figlio facevo due pedalate in più e mi affacciavo per rivivere qualche odore o suono che mi avrebbe ricordato quella che avevo frequentato io a Firenze negli anni 80. Quando avevo più tempo mi sedevo su uno scalino vicino ad una colonna e quasi in penombra pensavo a come e quando era passato quel tempo nella mia vita.

Rivedevo me per immagini e nella mia testa apparivano tante situazioni che avevo vissuto: il professore di pittura che non mi aveva insegnato niente, quello di anatomia che si gattonava le mie amiche in minigonna, quello di incisione che oramai era famoso per cui non veniva mai e poi, quello di storia dell'arte che era adorabile e passionale e quello di estetica che mi ha fatto amare la filosofia. Poi rivedevo anche le mie risate con i miei amici nel cortile, i rotoli di carta che ci perdevamo sempre per strada, a volte soddisfatti o curiosi a volte malinconici o esuberanti. Mi chiedevo cosa mi fosse rimasto veramente addosso di quegli anni spensierati e vissuti con sacrificio da parte dei miei genitori che ci credevano ed io con fedeltà fino alla fine? E poi, sempre lì seduta su quel gradino che quasi mi infreddoliva la schiena, guardavo le nuove generazioni e mi chiedevo come possano sentirsi oggi i giovani ai quali si chiede così poco per sentirsi dei veri artisti? Dove la parola *facile* subito illude e soddisfa chiunque è assetato di successo.

Quei luoghi dell'Accademia erano esteticamente intatti da secoli, era il resto che chiedeva un'altra lettura. Ho saputo che il disegno non si insegna più e non sono riuscita a sentire l'odore della trementina e il suono dello scalpello. La tecnologia è riuscita ad entrare anche lì, dove la tradizione chiedeva salvezza.

I pensieri erano tanti e confusi in quel periodo, ma in certi momenti ero molto lucida.

Mi capitava spesso, dall'appartamento dove vivevamo, di affacciarmi alla finestra che dava su Via Mercato e quando faceva quasi buio e le prime luci si accendevano, mi divertivo a giocare con delle domande. Tipo, ma dove va quella di corsa con quei tacchi altissimi? Oppure, ma quante cartelle riesce a portare sotto il braccio, gli cascheranno alla prima gomitata che incontra? E poi, che eleganza che sfoggia Milano, mica sei più nella campagna bavarese cara mia!! Ma cosa faceva la gente dopo il lavoro, per essere felice?

E cosi per sentirmi a casa mia, tornavano i ricordi nel silenzio della neve, tra gli alberi, i bambini e i profumi e non riuscivo proprio a staccarmi da quei ritmi umani che avevo vissuto.

Una mattina, dopo aver accompagnato mio figlio all'asilo, mi fermai con un paio di mamme ad un bar, giusto per iniziare a prendere confidenza con qualcuno e scambiare due chiacchiere. Ero la mamma più grande del gruppetto. Mio figlio, come ricorderai, è arrivato tardi nella nostra vita, ed io ricordo ancora la tua faccia sbalordita e le tue mani giunte come in preghiera quando ti dissi, nel Natale del 2009, che ero per la terza volta in dolce attesa.

In quel bar si respirava un'atmosfera di mamme sempre sorridenti, eleganti e di corsa, impegnate nelle loro professioni da mattina a sera. Non so di cosa si occupassero, ma avevano tutte una cosa in comune: la determinazione di chi dirige qualcosa di importante e le labbra rosse di chi ama mostrare la loro femminilità, sfidando a volte anche il mondo maschile. Una mattina rimasi colpita da una di loro. Era una straniera dei Balcani, una ragazza bellissima nella sua più completa naturalezza, bionda con due occhi azzurri, senza trucco e un sorriso che mi ricordava una delle Madonne dipinte del '500.

Micaela era il suo nome, viveva da dieci anni in Italia, parlava abbastanza bene l'italiano e aveva 27 anni, due bambini, un marito del sud Italia e una vita molto agiata. Io invece avevo quindici anni più di lei, tre figli di cui due rimasti in Germania e uno con noi, in una vita nuova da gestire dentro un piccolo appartamento, in una città che non riuscivo ad amare.

Eravamo due straniere a Milano.

Un giorno ci fermammo al bar a parlare un po' più a lungo, mentre le altre si erano già avviate al lavoro. Rompemmo il ghiaccio parlando della mia arte e del perché mi trovassi a Milano. Poi continuò lei raccontandomi qualche pezzo del suo puzzle che però non sempre combaciava. Quando parlava a tratti sorrideva, in quei momenti le usciva una luce speciale dagli occhi, ma lei non lo sapeva. La trovavo affascinante, divertente e curiosa e quando parlava intuivo che possedeva un grande cuore e una grande tristezza che cercava di proteggere con tanti sorrisi. Dopo un po' uscimmo dal bar e ci incamminammo verso il parco e tra una chiacchierata e l'altra finimmo a casa per guardare quei pochi quadri miei che mi ero portata e avevo appeso al posto di quattro poster di Ikea che la padrona di casa aveva scelto per arredare in fretta e furia e che mi davano la sensazione di essere dentro uno studio di estetica. Lei si accomodò, gettando la borsetta sul divano e girando come una bambina felice tra quelle quattro pareti. Nei giorni passati avevo appena finito di dipingere un quadro molto grande, che mi aveva impegnata con fatica in uno spazio del salotto molto piccolo. Pensa che riuscivo a lavorarci bene da vicino, ma quando dovevo prendere le distanze per guardarlo ero costretta a salire in piedi sul divano.

Odiavo quella casa così piccola, buia e rumorosa.

Era coperto con un telo, mancavano dei ritocchi ma lo scoprii solo per lei e per la sua grande curiosità. Quando lo scoprii rimase in silenzio per un po', poi prese quanta distanza poteva dal quadro, si accomodò sul divano e rimase ancora un po'. Poi all'improvviso mi disse, che avevo rappresentato la vita e la morte così vicine da sembrare inseparabili. Ci fu un momento dove guardando il particolare delle mani giunte che sorreggevano il bambino, Micaela si commosse e il suo racconto scivolò in qualcosa di più intimo.

Aveva lasciato la Romania a 17 anni, era arrivata in Italia per lavorare in un club e da quel momento dei suoi genitori non aveva avuto nessuna traccia. Nel club aveva iniziato a guadagnare da subito bene perché oltre ad essere particolarmente bella, sapeva ballare e trattenere i clienti. Dopo qualche anno, tra quei clienti, così dal nulla e lontano dalla sua idea di matrimonio, conobbe un avvocato. Si sposarono e la sua vita cambiò radicalmente. Nel frattempo, nacquero Maria e Antonio a distanza di due anni l'uno dall'altra.

Ad un certo punto la fermai e le chiesi se fosse felice. Rispose spontaneamente, dicendo ripetutamente dei si, riferiti naturalmente alla gioia di essere madre, ma dal suo tono affiorò altro, una specie di dubbio e una strana nostalgia di quella libertà di ragazza che le era stata congelata per sempre.

L'agiatezza non è qualcosa che riguarda la felicità, fa solo dormire tranquilli e spesso serve per mascherare di giorno quello che la notte conserva segretamente.

Non approfondii, rispettai quel momento e rimanemmo in silenzio per un po', giusto il tempo per riprendere fiato e coraggio per cambiare discorso.

Quel giorno, ricordo che indossava una collana particolare con delle pietre rosa che le brillavano negli occhi azzurri e nella carnagione chiara. Le feci un complimento e timidamente mi raccontò che aveva una piccola passione artistica, quella di creare bigiotteria collezionando pietruzze varie.

Quando mi salutò sulle scale e si girò per farlo, avvertii tra il sorriso e gli occhi una strana sensazione, come se avesse dimenticato qualcosa e volesse tornare indietro. Non le dissi niente, ma le regalai lo stesso sorriso e la lasciai andare nel suo silenzio. I nostri racconti continuarono per mesi, tra il bar di parco Sempione, la mia casa e la sua e ogni volta portavo con me sempre la stessa domanda: cosa avevamo in comune io e questa donna con un passato e un presente così diverso? Forse gli stessi dubbi? Cioè di chi pensa di aver fatto sempre la scelta sbagliata e che quella giusta forse doveva ancora arrivare.

L'arte spesso è il tramite che ci fa incontrare e ci lascia aprire con fiducia, il resto poi viene da sé.

Ti confido, cara Ada, che nonostante il disorientamento che mi portava a cercarmi continuamente dentro, sentivo che essere a Milano aveva un senso o addirittura era un dono, perché mentre raccoglievo qualche manciata di vissuto, la vita mi portava a guardare avanti e indietro. Vedi, oggi mi sento un po' come l'Etna, vulcanica nei ricordi, a sprazzi fuoco e poi cenere. Devo dire che questo continuo su e giù con i ricordi mi sconquassa l'anima, ma alla fine l'avrà rimessa in ordine, non so. Chissà, in fondo l'ordine nella mia vita come tu sai, non ha mai avuto una priorità, per cui vada come vada con la mia mente piena di ricordi e di me.

Maria Cristina

Fatalismo o immobilismo?

München marzo 2021

Mia cara,

che bella lettera mi hai scritto! Quante riflessioni e ricordi: credo che le lettere servano proprio a questo, a rimettere ordine nel passato, anche se a te non piace fare ordine. Io ho capito che dietro alla necessità di scrivere e quindi di mettere ordine nei nostri pensieri ci sia l'impulso naturale di uscire dal caos primordiale nel quale ancora ci dibattiamo, ma anche di tirare le somme con quel tratto di strada che abbiamo già percorso. Questo vale almeno per me. Ma forse tu da pittrice hai bisogno del caos che per mezzo dei colori riesci a districare facendone un'opera d'arte...questo devi spiegarmelo la prossima volta.

Ma tornando alla prima parte della tua lettera, è vero, l'Etna è una presenza costante per ogni catanese; stranamente però, un nemico che hai giorno per giorno davanti a te, finisce col non farti più paura. Nonostante resti nel sottofondo una sottile inquietudine. Subentra infatti l'abitudine e anche l'accettazione di un fenomeno della natura che però non ha niente a che fare col classico fatalismo cui accenni poco più avanti. Quello nasce dalla Storia siciliana, una Storia antichissima di conquiste, saccheggi, aggressione di corsari che arrivavano e ripartivano nel giro di una notte lasciando distruzione e massacri, portandosi dietro anche una quantità di gente per venderla poi al mercato dei loro Paesi. E questo per migliaia di anni. La Sicilia è stata una tappa obbligatoria nel Mediterraneo fin dalle prime migrazioni dall'Africa e Asia Minore. Questo lo sanno tutti. Come ti ho scritto la volta precedente: chi non è passato da qui già dai tempi di Omero in poi, ma anche da prima? E qualcosa è rimasto anche in alcuni modi di dire, per esempio *„mamma, i turchi!"* e ancora *„lassanu a porta aperta e sinni jenu!"* Con chiaro riferimento alle incursioni, quasi regolari, cui veniva sottoposta la gente siciliana fino a non poco tempo fa. Anche per questo motivo molti gruppi di case sono state costruite in cima a qualche montagna. E la *muntagna* cui accenni tu, era in ogni caso più sicura della costa, nonostante la continua minaccia di una possibile eruzione.

Mi chiedo se il famoso fatalismo dei siciliani dipenda dalla oggettiva precarietà della loro situazione, dall'essere sempre esposti a pericoli che venivano in ogni caso da fuori; se cioè la mentalità dell'uomo siciliano debba essere attribuita a questi precedenti storici. Se parlo dell'uomo siciliano per eccellenza io ho un'immagine ben precisa davanti a me, non certo costruita dalla mia fantasia, ma da una realtà vissuta in prima persona. A questo proposito ti voglio raccontare un episodio che risale al giugno del 2015, un incontro che ancora adesso, a distanza di anni, mi disturba.

Se ricordi, mi invitasti a fare una specie di presentazione presso una libreria siracusana. Io accettai anche perché in quel periodo mi trovavo a Catania, per presentare lo stesso libro, se ricordo bene, *La Cucchiara.* Tu eri partita per cui non hai potuto assistere a uno dei più strani incontri della mia vita di autrice. Non voglio raccontarti tutto, perché forse te ne ho già parlato, ma questa volta voglio mettere l'accento proprio sui siciliani, uomini e donne, noti per il loro fatalismo che io però preferisco definire immobilismo.

Seduti davanti a me due uomini di una certa età, a gambe larghe, di media statura, pesanti, forse cinquanta o sessantenni, e una donna anche lei della stessa età, all'incirca. La donna, riservata, come si addice alla tipica donna siciliana, se ne stava seduta in un angolo. Stranamente però ricordo il suo tentativo di intervenire, non so più su quale argomento, malamente messa a tacere dagli altri due. Non so se si conoscessero.

Soprattutto i due uomini sono rimasti ben chiari nel mio ricordo perché rappresentavano e forse rappresentano ancora quello che io definisco il prototipo del maschio siciliano di ogni tempo.

Ho avuto l'impressione che fossero due insegnanti, per modo di dire due uomini istruiti, quindi per forza di cose con esperienza scolastica, cioè abituati a stare seduti dietro a una cattedra; due tipici esemplari che, passati oltre la fase delle illusioni giovanili, decidono di insegnare come ripiego necessario, (rinunciando a non so cosa) per avere uno stipendio sicuro. Di conseguenza hanno perso ogni interesse per il mondo, ogni velleità intellettuale dato che giorno dopo giorno devono ripetere sempre le stesse piccole informazioni di carattere culturale che considerano essere l'unico scopo dell'istruzione scolastica. Ancora più importante: hanno rinunciato a qualsiasi segno di vanità fisica, sono per modo di dire spenti da un punto di vista sessuale. Tu stai sorridendo (mi sembra di vederti)... come? Tu guardi il tuo pubblico anche da questo punto di vista? E da quale punto di vista devo guardare un uomo e una donna? Ti rispondo subito. In fondo lo sai anche tu che la prima espressione di qualsiasi essere umano è la propria sessualità, dato che purtroppo la maggior parte dei cosiddetti umani non riesce ad esprimere altro (e forse a non sentire altro stimolo se non quello sessuale). Da qui gli abusi, le violenze sessuali, e tutto il resto. In fondo questo impulso così primordiale è ancora adesso tanto presente così da prendere il sopravvento sulla cosiddetta ragione e sulla stessa civiltà.

Ma non è di questo che voglio parlarti.

Mi piace sottolineare che un uomo anche a novantanni ha una sua potenzialità sessuale, come pure ogni donna. Ma ci sono anche uomini e donne che si spengono appena hanno preso fuoco e restano poi spenti per tutta la vita. Io so riconoscere di primo acchito questi tipi, ne ho conosciuti tanti, in particolare nell'ambiente degli intellettuali, e so di cosa parlo. Ma non ho intenzione di farti un discorso sulla forza creativa generata anche dalla sessualità di ognuno di noi. Voglio soltanto parlarti di questi due tipi.

Li ho visti subito e loro, in qualche modo dal punto di vista istintuale, mi hanno anche identificata: per un uomo così, una donna come me è soltanto un gran fastidio, una provocazione, lo so, e la reazione è sempre la stessa: cercare di avvilirmi dal punto di vista intellettuale, dato che in altro modo non ci riuscirebbero mai. Hanno cominciato già con gli occhi, e io riconosco quello sguardo carico di sarcasmo: cosa vuol raccontarci questa *fimminedda*? cosa crede di essere? e questo mi basta, perché io conosco molto bene il linguaggio degli occhi e anche quello del corpo: è il mio mestiere, come sai. Poi, dopo aver ascoltato con finto interesse il mio breve discorsetto di introduzione (non avevo nessuna moderazione esterna) hanno cominciato a interrogarmi, anche questo dall'alto della loro mascolina cultura, così come sono abituati a fare a scuola. Io passai da uno stupore all'altro, fino a quando, con un sorrisetto ironico, uno mi chiese se per caso avevo letto Verga. Proprio così: ma lei, per caso, ha mai letto Verga? Ancora dopo cinque anni ricordo esattamente questa domanda. Un momento restai in sospeso: rispondere o andare via? Sono scoppiata in una risata: cosa avrei potuto rispondere? Per farla breve: mi hanno rimesso nei ranghi, mi hanno fatto capire chiaramente che io sono soltanto una *fimminedda* che deve stare in cucina a lavare piatti e, trionfanti, sono andati a casa quanto mai sicuri della loro ennesima vittoria sul genere femminile. Anzi: con la certezza che si portano nel loro DNA: la *fimmina* è una creatura inferiore e basta! Inutile aggiungere che non hanno degnato di un solo sguardo il mio povero libro.

Io mi meraviglio ancora di non aver commesso un doppio omicidio.

Ma meglio passare ad altro. Figurati, mi accorgo che ancora adesso, soltanto il ricordo di quella scena mi riempie di furore. Tu dirai: ma che te ne importa? Purtroppo, è un'esperienza che mi porto dentro dagli anni dell'infanzia e dell'adolescenza: forse uno dei motivi che mi ha spinto a cercare altrove altri esemplari maschili che per fortuna esistono, anche se non proprio in abbondanza... (sto scherzando). Tu puoi guardare questi tipi con altri occhi perché non sei stata umiliata quotidianamente, proprio negli anni più formativi della vita, da uomini simili; umiliazioni, del resto, sempre tacite: soltanto sguardi che dicevano più del necessario. A volte le parole sono molto meno offensive degli occhi, lo hai notato? Gli occhi sanno guardare con arroganza, insolenza, senso di superiorità che annichilisce. Si dice anche che uno sguardo può anche svestire, sporcare, violentare... ho imparato tutte queste cose appunto in Sicilia, il Paese del maschilismo più primitivo e volgare, anche se spero ci siano altri tipi più civilizzati. Ma non voglio tornare di nuovo su questo tema, che ancora e sempre brucia.

Sarai sorpresa di leggere questa lettera, di apprendere da quale società profondamente patriarcale provengo: quanta fatica mi è costata uscirne, e quanto costa ancora alle nuove generazioni di donne siciliane, il più delle volte ignare che il mondo è andato avanti senza di loro. Non è facile liberarsi dalle tante gabbie nascoste che tengono imprigionate, perché queste gabbie sono talmente sottili, talmente legate alle tradizioni e spesso alla religione, che per potersene accorgere è necessario prendere le distanze, proprio come si fa con la pittura (mentre dipingi, per vedere se l'insieme ha le giuste proporzioni, ma anche se il gioco di luci e ombre rispondono alle tue intenzioni, ti sposti di qualche metro per avere una visione diversa, sbaglio?): allontanarsi per vedere che il mondo può andare avanti anche in modo diverso. Con questo non voglio dire che altrove non abbia trovato il solito maschilismo che da secoli opprime l'altra parte dell'umanità, ma spesso è mascherato da forme di cortesia, di educazione; a volte da una sorta di cultura che riesce ad annebbiare la vista a una donna impreparata o meglio ingenua.

Adesso voglio passare ad altro e cioè al tema cui ho accennato nella mia precedente lettera: da qualche tempo ho maturato l'idea di smaltire una parte della mia biblioteca, quella in lingua italiana, e inviarla alla Biblioteca della Donna, a Catania. I miei figli parlano italiano con me, ma con qualche piccola eccezione, non lo leggono (inoltre i temi che mi hanno sempre interessato non rientrano nel loro mondo culturale): solo mia figlia, dopo aver finito gli studi, prima di incominciare a lavorare, decise di imparare la lingua materna in loco, e cioè a Perugia, dove se non sbaglio frequentò l'Università per stranieri, credo per un anno. Tu mi dirai: non sai quando tua figlia è stata in Italia? Sono passati oltre 25 anni e in fondo non è così importante. Ad ogni modo lei scrive e legge molto bene in italiano, mentre mio figlio continua solo a parlare e... basta. Questo per dirti che i miei libri un giorno finiranno da un rigattiere o al macero, ecco perché il pensiero di averli in una Biblioteca mi consola molto.

In fondo si tratta della parte più importante della mia vita, forse quella fondamentale che mi ha sempre aiutato a superare le difficoltà che, come tutti, ho dovuto affrontare: una vita senza libri credo che sarebbe stata, almeno per me, invivibile. Fin dall'infanzia, e cioè prima ancora di leggere io stessa, ascoltavo mia sorella maggiore di due anni mentre ripeteva le lezioni di scuola e imparavo tutto a memoria: alla fine ero convinta di saper leggere! Pensa che non ho frequentato la prima elementare per via della guerra e sono stata catapultata subito nella seconda. Un vero disastro. Quando poi ho imparato sul serio a leggere, ho cominciato e non ho più smesso: figurati, ho ancora i miei libri letti da bambina, libri che hanno girato mezza Europa, dai quali non sono mai riuscita a separarmi. Che fine faranno? Mi si spezza il cuore.

Così ho cominciato a fare una scelta e ho già spedito una cassa, o due di libri e mentre scelgo scopro libri dimenticati, letti un secolo fa; libri che soltanto adesso, rileggendoli, mi aiutano a capire quanto abbia imparato da loro. Pensavo di essere una rivoluzionaria in fatto di Bibbia, di aver capito da sola che si tratta di un ammasso di leggende con qualche piccolo tratto storico, difficilmente dimostrabile e, rileggendo il *Dizionario filosofico* di Voltaire, mi accorgo di ripetere ciò che avevo letto circa settantanni fa! Tanto mi ha formato questo libro, non soltanto dal punto di vista religioso ma soprattutto per quel che riguarda la mia struttura mentale. E io non lo sapevo più. Di lui mi piace la fine ironia, la leggerezza con la quale tratta gli argomenti più scabrosi, la chiarezza della forma comprensibile anche per una quindicenne quale ero io all'epoca. Quanti cosiddetti intellettuali, storici, filosofi, avrebbero da imparare da lui! Ma non potrò mai dimenticare un altro grande storico, Gaetano Salvemini, letto anche in quel periodo, che scriveva appunto con la stessa chiarezza e semplicità: una sua riflessione mi si è impressa nella mente ed è stata il filo conduttore di tutta la mia vita sia in senso culturale che umano. Quando si ha chiarezza, ordine in testa, quando si sono capiti i principi fondamentali che guidano il nostro pensiero e le nostre azioni, possiamo essere chiari a noi stessi e quindi agli altri. Qualsiasi attività esercitata nel corso della mia lunga vita, musica, pittura, scrittura, maternità (anche questa un'attività assai impegnativa) ha seguito sempre questo principio: chiarezza di intendimenti. E lo devo appunto a Salvemini.

Ma ho trovato altri libri dimenticati, alcuni di Storia siciliana e, non lo crederai, mi sono rimessa a leggerli; così ho ripassato vicende, periodi storici importanti, che in realtà hanno fatto di noi siciliani quello che siamo: un miscuglio di genti diverse, provenienti tutti dal Mediterraneo. E non si venga a raccontare la fiaba della razza proprio a noi siciliani: giustamente Einstein allorché all'aeroporto di New York, gli fu chiesto a quale razza appartenesse, rispose lapidariamente: razza umana.

Ada

Una luce fuori dal tempo...

Siracusa, aprile 2021

Cara Ada,

oggi è una di quelle giornate di aprile che in Sicilia un siciliano direbbe: dopo tre giorni di pioggia se continua così, mi sento offeso! In effetti sono rare e ci turbano pure l'anima, noi viziati che a febbraio avevamo 22 gradi e adesso 13 in pieno giorno. Questa di oggi mi ricorda un po' la Baviera all'inizio dell'autunno, con quell'aria impregnata di pioggia e di color 'grigio costante' fino a febbraio, con quegli sbalzi di sole caldo, cioè quelle sporadiche apparizioni che in pieno gennaio sbalordiscono anche i corvi sui campi aridi e congelati. Diciamo che, se non fosse per le palme in giardino che si lasciano accarezzare dal vento, e per il tuo racconto sul prototipo del maschio siciliano di ogni tempo, e il doppio omicidio che avresti potuto fare, che mi ha fatto tanto ridere, oggi non nutrirei nessuna speranza che domani tornerà il sole.

A proposito di sole, da quando mi sono trasferita in Sicilia, come avrai intuito, il clima di questa isola è entrato completamente a far parte della mia vita quotidiana. Pensa che alla mattina mi sveglio puntuale sempre all'alba e senza sveglia. La prima cosa che faccio quando salto dal letto, come un rito, esco in giardino e mi metto ad ascoltare la natura e respiro quei profumi misti di terra e di mare. Poi dò un'occhiata in giro tra una palma e due alberi di pino, e lo vedo arrivare piano piano. Il sole mi fa stare bene. Più tardi arriva il vento che mi smuove la vita dentro ma soprattutto, muove l'aria, i colori, e accarezza il rigoglio della bouganville, del gelsomino, del grano, del limone, dell'arancio, del melograno e tanti, tanti altri, mentre le rondini fanno avanti e indietro dall'Africa.

Ecco, a volte penso, che la mente è semplicemente meravigliosa quando la natura ha la forza di collegarla al cuore, cioè quando ti permette di vedere la bellezza di cui siamo circondati e lo trasforma in un sentimento puro. Chissà quanti ci fanno caso a questo?

Riguardo sempre al vento, non ti ho raccontato che quando arrivai la prima volta in Sicilia, a Siracusa, era di marzo e c'era un vento fortissimo di scirocco con sprazzi di pioggia torrenziale che mi hanno accompagnata per almeno due settimane. Mi chiesi se fosse una eccezione o una maledizione. Devi sapere che per raggiungere la casa in Ortigia che avevo preso in affitto, parcheggiavo l'auto in una piazzetta che dominava sul porto grande e dovevo incamminarmi a piedi per una salita che portava alla splendida piazza Duomo. Quando pioveva e l'acqua scendeva a fiumi niente poteva proteggermi, nessun cornicione, nessun portone, nessuno sguardo da una finestra. La natura sceglieva il suo percorso e io potevo decidere di attendere che passasse oppure affrontarla, godendomi il positivo di quelle situazioni; il suono della sua cascata dai vecchi cornicioni che non hanno più la capacità di trattenere tutta quella forza.

In quei momenti mentre camminavo sulle pietre storiche di Ortigia cercavo di tornare indietro con la mente, ma soprattutto con l'immaginazione, per percepire come si vivesse secoli prima in questi luoghi, dove in mancanza di corrente elettrica non esisteva un lampione, una chiesa illuminata, un porto acceso che accoglieva chi arrivava dal mare, insomma un punto di riferimento che dava calore e vicinanza, ma anche per sfuggire alla criminalità che si svegliava soprattutto di notte. In definitiva, il buio dopo il tramonto fermava la vita sociale e si entrava in quella intima in un rapporto costante con la natura e il tempo, con i quali convivere o dormire fin da subito. Un buio per me impensabile se penso che arrivai al mondo in un giorno di pioggia torrenziale, durante l'alluvione di Firenze, sotto una lampada di ospedale.

L'appartamento che avevo preso per cinque settimane ad Ortigia era piccolo e si trovava in cima ad un palazzo di epoche diverse, che andavano dalle fondamenta del '400 agli ultimi ritocchi del '700. Ci arrivai con due valigie e tanta voglia di respirare aria di mare e di vita siciliana. Il palazzo di tre piani, aveva un portone antico e due scalini che entrando non dovevo salire ma scenderli e dunque abbassarmi per non battere la testa al cornicione del portone. *Lustig!*

L'appartamento si trovava all'ultimo piano e per arrivarci dovevo entrare nell'appartamento del proprietario che si trovava al secondo piano, percorrere un corridoio e poi salire una scala interna per accedere al mio. Praticamente dovevo entrare in un appartamento disabitato che sembrava un meraviglioso negozio di antiquariato per poi accedere al mio di 40 mq, composto da cucina, camera, bagno e piccolo salottino. Ma aveva qualcosa di unico: una terrazza di 200 mq sul mare che somigliava ad una piazza di paese. In poche parole, mi trovavo su uno dei tetti più affascinanti di Ortigia, dove a destra dominava l'Etna e davanti a me solo una distesa di mare e di tramonti, dove le rondini ci venivano puntualmente a salutare prima del buio.

Si, i tramonti, ogni sera mostravano colori diversi e incantavano per la loro bellezza mozzafiato.

I giorni passavano ed il tempo che trascorrevo su quella terrazza era interminabile. Le idee che partorivo e la voglia che avevo di fare era tornata ad appartenermi e piano piano sentivo dentro di me una piccola rinascita. Se penso che ero arrivata in Sicilia per conoscerla, percorrendo le sue strade e i suoi paesi, e invece qualcosa di forte mi tratteneva li, proprio dentro Ortigia, tra quelle pietre e quelle mura spesse a guardare il mare dall'alto, come facevo da bambina nella mia casa in maremma.

I programmi servono per avere un quadro della situazione, ma poi la bellezza e qualche ricordo che affiora dal passato possono scombinare tutto.

Rimasi in quella casa per cinque settimane, nel periodo più bello dell'anno, la primavera, dove i colori sono schietti e ancora non c'è l'afa che li scolorisce. Prima di lasciare la casa, un po' come fanno i bambini e le persone che credono alle magie, scrissi in un biglietto un pensiero che nascondeva tra le righe un desiderio. Lo depositai sotto un vaso che conteneva una pianta grassa e ci scrissi questo, sperando che conservandolo avrebbe portato fortuna, cioè che mi avrebbe riportato di nuovo su quella terrazza a sud di ogni cosa: *qualcosa mi ha portato a conoscere la bellezza di questa isola, ma ho trovato qualcosa di più, un sentire che mi emoziona e mi porta dritto al cuore delle cose. Voglio tornarci!*

Riguardo alla mia arte e al bisogno di scompiglio cui tu accennavi, ti confermo cara Ada che il caos, quello però più mentale che fisico, crea in me congetture interessanti ed è da sempre un mio compagno di vita con il quale ci vivo e ci gioco ogni giorno. Ma non è lì che attingo la mia creatività.

Quello che per me invece è intrigante congettura, è questa mia vita piena di incontri e di esperienze diverse, che ho vissuto e che vivo ogni giorno, scoprendo nel tempo, che ci sono mondi lontani da noi che si uniscono all'improvviso attraverso un filo invisibile e ci collegano a persone che sembravano aspettarci lì da sempre. Pensa che spesso mi è stato chiesto, durante l'inaugurazione di una mia mostra, chi è Maria Cristina Picciolini? Sembra una domanda facile, semplice, ma lo è solo per chi la fa. In questi momenti chi deve rispondere, deve cercare una risposta chiara che raffigura qualcosa che tutti hanno con sé nei loro ricordi. Allora io rispondo, che Cristina è come una giostra. Una di quelle dove almeno una volta siamo saliti tutti, quelle con i seggiolini volanti, dove ad ogni giro si siede sempre un volto nuovo pronto a spogliarsi della sua gioia, del suo coraggio e delle sue paure, mentre la giostra custodisce, protegge e crea connessioni.

Mi piace ascoltare, mi intriga la vita degli altri, e spesso mi piace appenderci anche la mia. In alcuni di quei momenti, dove nasce l'empatia nasce una mia opera.

Ritornando a Milano, vivevamo in un appartamento di un palazzo storico di cui non rammento quasi niente della sua storia, tanti erano i dubbi che affastellavano la mia mente, in questa nuova vita italiana. Eravamo arrivati a settembre, quel mese che da venticinque anni, cioè da quando i miei figli hanno iniziato il percorso scolastico, aveva sempre indicato l'inizio non solo della scuola ma anche l'inizio dell'anno, e della mia stagione preferita, l'autunno, dove si torna al silenzio, al raccoglimento, alla luce tenue. Il portone del palazzo si trovava su via Madonnina, ma l'appartamento poggiava i balconi su via Mercato, dove ogni giorno della settimana, domenica compresa, ci passavano almeno tre linee di tram. Ne passava uno ogni tre minuti e in quei momenti le finestre tremavano la musica della radio finiva tra i rumori e i miei ricordi galoppavano insieme al passato nella campagna bavarese, le passeggiate nei boschi, i contadini che alla mattina salutavano con quel sorriso e quella pacatezza di chi conosce la fatica, il rispetto e la libertà di stare all'aria aperta, al lavoro nei campi. Un silenzio che nei miei ricordi appariva come una cosa preziosa, un contenitore dove metterci tutto quello che avevo vissuto, per sopravvivere ad una realtà che non mi apparteneva.

Sotto casa a Milano c'era un famoso antiquario, un uomo alto, molto magro, grande fumatore, anziano come il suo negozio, entrambi con quel vissuto addosso che quasi sembravano immortalati da secoli. Un giorno prendemmo confidenza e iniziammo a filosofare di bellezza, ma solo ogni tanto, perché ogni volta preferiva dilungarsi lamentandosi che Milano non era più la Milano di una volta... allora io mi annoiavo e trovavo una scusa per salire in casa. Salendo i tre piani di scale, con gli scalini alti che bisognava prendersela con calma per arrivare al terzo piano senza il cuore in gola, sorridevo del surreale contrasto in cui mi trovavo a vivere. Da una parte un antiquario che resisteva alla crisi economica aspettando che qualcuno o qualcosa venisse a salvarlo e dall'altra parte un domestico indiano che stirava delle camicie affacciato alla finestra di fronte al mio balcone, con un sorriso smaltato a lucido e la modernità dell'Accademia di Belle Arti che correva su nuove strade. Che quadro avevo davanti a me. Direi lo specchio di una realtà piena di contrasti e tanta solitudine, chiusa dentro una cornice italiana invecchiata e trascurata, che nel tempo non rilascia più emozioni.

Un giorno dove il grigio del cielo era talmente cupo che non osavo nemmeno guardare dalla finestra per cercarlo tra le mura degli altri palazzi, perché non avrei trovato nessuna differenza, dipinsi quel quadro. Acquistai una tela molto grande al negozio di Via Brera e fui costretta a farla portare a casa per le dimensioni che superavano la mia piccola statura e la larghezza delle mie braccia. Arrivarono due ragazzi a piedi, perché la distanza era veramente relativa. Quando si trovarono davanti al portone e si resero conto che portare la tela fino al terzo piano sarebbe stata una impresa ardua, visto le scale strette e il difficoltoso passaggio tra un pianerottolo e l'altro, pensarono di mollarmela nell'atrio. Rimasi senza parole. Allora chiamai il custode del palazzo, un siciliano che viveva a Milano da quarant'anni: il suo successo era stato quello di sposare una milanese e comprarsi due appartamenti. Aveva un volto con due espressioni, una marcava la fatica di chi è stato sfruttato in ogni forza fisica e l'altra il sorriso di chi è sempre disponibile. Gli chiesi di aiutarmi e lo feci perché ero disperata. Trascinava i piedi, le gambe e la schiena con una precarietà che mi faceva salire ad ogni gradino un senso di colpa e una rabbia che riuscivo a contenere solo per rispetto. Carmelo arrivava dal centro della Sicilia, quella parte volutamente dimenticata da sempre e sperduta a chiunque per mancanza di servizi. Era arrivato a Milano a 16 anni come tanti per cercare fortuna. Al sud, quando ci si sposta da un territorio dove la terra è arida e lo sguardo della gente è assente per rassegnazione, tutto quello che si trova oltre è uno spiraglio di gioia, sembra un pizzico di fortuna che suona di benedizione dall'alto perché illumina la dignità di una persona. Poi chissà se esiste veramente la fortuna, cara Ada, forse è solo quella splendida cosa che è: la volontà, l'amore per la vita a cui nessuno fa caso, e il destino lo tiene in conto quando ti dai da fare. Intanto mi chiedo se quello che desiderava Carmelo era stato esaudito fin dentro il suo cuore e dentro quell'appartenenza che solo voi siciliani potete raccontare con i vostri sguardi che cercano tante risposte.

L'appartamento era molto piccolo e sinceramente non avevo nemmeno idea di dove posizionare la tela. Il desiderio di fare quel quadro però andava oltre alle esigenze dello spazio.

La posizionai in un corridoio stretto ma piuttosto lungo che mi permetteva di allontanarmi e avvicinarmi per vederla nel dettaglio e nel suo insieme. Puoi immaginare quali colori usai? È stato il quadro più triste che ho dipinto nella mia vita.

Maria Cristina

L'essenziale

München, maggio 2021

Mia cara,

ormai da anni per me sei la pittrice dei mezzi volti: ho sempre davanti a me, nella mia stanza da letto, un piccolo quadro che avevo ammirato in una tua mostra, una decina di anni fa, tanto da acquistarlo e metterlo subito proprio davanti a me, per vederlo ogni giorno. È chiaramente il volto di una donna, ma di lei si vede soltanto un occhio, in realtà solo una pupilla: una linea lo separa dall'altro, mentre il tutto si perde nel nero più misterioso, dove inaspettatamente affiora una sorta di profilo maschile, appena accennato. Questo quadro mi affascina sempre per il significato nascosto, o meglio per quello che simboleggia. Quando lo vidi per la prima volta, so di aver pensato che soltanto una donna poteva sintetizzare con qualche colpo di pennello una situazione millenaria di disuguaglianza fra i due sessi: alle donne è stato permesso di vedere, ma non parlare (nel tuo dipinto non ci sono bocche, neanche il sospetto di una bocca), ma soltanto un occhio, importante e visibile. Solo una pennellata che emerge, scura, sopra una macchia rossa: rossa di sangue? Osservando meglio si nota un accenno di naso, ma decisamente manca la bocca. È stata una tua decisione? Certo, ma che domanda!

Sarebbe interessante sapere come si sviluppa un dipinto che nasce solo dalla fantasia, che non riproduce la realtà e tanto meno la natura: solo un pensiero o forse una visione fugace che si vuole fissare sulla tela. Io, come tu sai, non ho mai avuto talento, ma una volontà di ferro, quindi ho cercato di imparare gli strumenti che mi permettessero di imitare almeno la natura in tutte le sue forme (mi sembra sia stato questo il primo passo compiuto dall'umanità per avvicinarsi alla cosiddetta arte). Mai avrei osato mettere sulla tela qualche fantasia, qualche visione: mi sono servita delle parole per esprimermi e non so se ci sono riuscita.

C'è dunque quello che di una donna si vorrebbe vedere (quel 'si' chiaramente si riferisce all'altra metà del genere umano) cioè il minimo possibile, l'essenziale, soprattutto senza altro che la qualifichi, benché sia chiaro che si tratta di una donna. Infatti, il suo volto è delineato anche se non preciso, definito, mentre c'è un accenno di dualità, nascosto nell'ombra, qualcosa che domina nonostante occupi un terzo del quadro: si tratta veramente di un uomo o è una proiezione della dualità femminile-maschile che, come sappiamo, è una componente ormonale sia del maschio che della femmina? La domanda mi segue da anni, ma sono convinta che neanche tu sapresti darmi una risposta esauriente: un artista usa il suo linguaggio il più delle volte inconsciamente e spesso ha bisogno di qualcuno che ne interpreti le intenzioni, il pensiero che vi sta dietro.

O forse si tratta proprio dell'onnipresente, del dominatore, del padrone, dell'uomo vero e proprio? Questo tuo uomo non ha occhi, solo un piccolo segno, deciso, nero su bianco, e lo sberleffo di un naso; chiaramente si tratta di un uomo: non saprei dirti il perché di questa mia percezione. Il segno per me è troppo preciso, duro perché possano nascere dubbi. Per questo motivo trovo sia una presenza inquietante, anzi negativa, quasi il pennello, contro la tua volontà, avesse deciso di denunciarne l'intrusione, nonostante tutto, necessaria. Ho visto bene il tuo quadro? Purtroppo, non ne ricordo il titolo, forse non hai dato un titolo. Hai lasciato all'osservatore la libertà di vedere, interpretare i simboli nascosti del tuo pensiero. Come vedi mi ha impegnato tutti questi anni e non sono ancora arrivata a vedere dietro la tela, dietro le tue intenzioni.

È questa la funzione dell'arte? Porre domande, proporre nuove visioni, permettere al mondo di gettare uno sguardo nell'intimo più profondo di un essere umano. O forse tanto di più, di altro? Spaziare in universi sconosciuti, ché ogni essere umano racchiude in sé universi tutti da scoprire: l'artista si apre o forse tenta di nascondersi dietro una pennellata, un gruppo di suoni, di parole, ma è sempre presente, è sempre lì, in attesa di essere capito, o meglio percepito, non soltanto guardato di sfuggita, ma ascoltato, letto. Tu hai dipinto un quadro ma chi ti guarda e, in questo caso i miei occhi, la mia sensibilità, io con tutto il mio passato, è diverso da te, dal mondo che mi proponi; il tuo universo, la tua visione del mondo sono diversi dai tanti occhi che hanno visto e vedranno i tuoi quadri; quindi tanti saranno i modi di capire e anche le interpretazioni. Perché sempre di interpretazioni si tratta. Vedi, il mio io è impregnato di musica, e le note, come sai, devono essere interpretate, sempre nel rispetto del tempo che rappresentano. Ogni opera d'arte deve essere interpretata.

E infine: chi non deve (o vuole) essere interpretato?

Per prima cosa, chi ci sta davanti in carne ed ossa, oppure nascosto dietro una tela, o in una sequenza di suoni o di parole, ci pone sempre una domanda: mi vedi, mi senti, mi accetti, mi porti con te nei tuoi pensieri, nella tua vita? Dietro ogni manifestazione artistica c'è sempre un essere umano che vuole essere interpretato, capito. E anche amato. Allora l'arte nasce da una imprescindibile necessità di amore? Ogni creatura sia umana che animale, e forse anche vegetale, per sopravvivere ha bisogno di amore, lo sappiamo tutti; ma alcuni, per motivi che non starò qui a indagare, hanno bisogno di più amore: allora una parte misteriosa del cervello indica la strada da seguire e così nasce l'arte nelle sue più diverse forme. Che ne pensi? Come spiegare altrimenti questo fenomeno antico come il mondo, questo estremo bisogno di essere capiti, amati attraverso una particolare creatività? Sto pensando alle piante che esplodono in fiori di particolare bellezza, sempre diversi, dai colori sempre più smaglianti per essere ammirati e quindi amati... è anche questo un grido, una richiesta d'amore?

Oggi è arrivato il catalogo della tua ultima mostra. Titolo: CHI SONO. Un titolo molto appropriato, anzi specifico come mai un titolo potrebbe essere.

Qui stranamente tutto mi è chiaro, non ho bisogno di interpretare... o sbaglio? Sto riflettendo e ho bisogno di qualche giorno prima di chiarire a me e poi a te il mio pensiero. Credo sia meglio, in ogni caso, prima vedere il tuo lavoro e poi leggere la presentazione, i commenti inclusi nel catalogo, perché voglio capire da sola il tuo messaggio.

Quando leggo un libro non leggo mai la prefazione, soltanto alla fine, quando ho già una mia impressione, allora sono curiosa di sapere cosa ne pensano gli altri.

Sono sassolini. Un sasso dietro l'altro che può essere interpretato in vari modi: io vedo per prima cosa una bocca, tante bocche, chiaramente femminili, sempre chiuse, direi pietrificate; eccettuato una volta in cui si apre forse in un urlo. Tutte le altre bocche sono definitivamente chiuse, quasi sigillate da un ordine primordiale: le donne devono tacere e basta. Non credo che un giorno riusciranno ad aprirsi, ma parlano lo stesso, almeno a me, un linguaggio prima di tutto di bellezza. Infatti, sono bocche bellissime, ben truccate di rosso sangue, sempre lo stesso rosso con qualche piccola variazione. A volte resta il colore della carne, anche queste di forma squisita e non sono bocche maschili; alcune volte subentra il nero e allora diventano spinose, cattive.

Tutte le bocche del mondo, tante bocche quante donne ci sono al mondo, e la bocca serve per comunicare, anche per nutrirsi: per vivere. Si può vivere senza bocca? Niente di più vitale, di essenziale. Sì, proprio di essenziale, perché queste pietre mostrano l'essenzialità stessa della vita.

Si ha veramente bisogno di una bocca per essere, per esistere? Una grande domanda che mi poni con questo tuo ultimo lavoro, e già hai assolto il compito dell'artista: porre domande, cercare risposte.

Naturalmente alle bocche si uniscono gli occhi, tanti occhi e sempre un naso, forse meno importante (meno importante? Ma cosa dico?). E qui ogni occhio sa raccontare tante storie diverse, in una parola: sa parlare, cosa che alle bocche non è permesso! E vedo, non come una critica d'arte, ma come donna, vorrei subito aggiungere. Mi sembra chiaro il messaggio che vuoi dare, antico come il mondo, come l'umanità intera.

Ma ciò che più mi piace è lo strumento del quale ti servi: il sasso, cioè la parte più primordiale, più primitiva, più carica di passato. Niente di più essenziale ed estremamente espressivo del sasso levigato dall'acqua del mare: due elementi fondamentali per la vita sulla Terra visti dagli occhi di un'artista

Tu sai che amo i sassi in tutte le sue forme: intrapreso viaggi per vedere per esempio in Bretagna Menhir e Dolmen, che ho poi tentato di dipingere, come sai, con poco successo. Ma non era il successo ciò che mi spingeva a tentare e ritentare. So che ti sei molto stupita dei miei tentativi ma soprattutto del soggetto scelto da me, con la solita acribia che metto in tutte le cose che faccio: i sassi mi hanno sempre affascinato e ne ho la casa piena; tengo moltissimo ad alcuni sassi neri, resti di lava pietrificata, raccolti in riva al mare di Catania, anch'essi ben levigati dai marosi nel corso dei secoli; porosi, pieni ancora della vita che scaturisce dalla pancia della Terra.

Adesso puoi capire perché mi affascina la tua visione dei sassi, tutti piccoli e ben formati, scelti da te per simboleggiare l'essenzialità della vita: una bocca, un occhio e perché no, anche un naso. Il resto si può immaginare, e cioè il corpo della donna che porta questi segni riconoscibili sempre, nel corso dei tempi.

Cosa pensi di questa interpretazione dei tuoi lavori?

Io al contrario di molti, vedo dietro ogni opera l'artista che crea, l'essere umano prima di ogni opera d'arte, colui che definisce, delinea la sua visione del mondo e della vita. Che ha bisogno di trasmettere un messaggio. Ecco perché questi sassi potevano essere solo di una donna, cioè solo una donna poteva lasciarsi ispirare da questi ciottoli di vita.

E allora devo subito riflettere: da dove nasce la cosiddetta ispirazione? Non è forse la parte più recondita di ogni artista che si rispetti, la parte più profonda, sconosciuta forse a lui stesso? L'ispirazione è come un fiotto di lava che esplode da un vulcano e si manifesta, si libera e viene riconosciuta dall'artista, accettata, elaborata. Chiarita.

Chiarita?

Ada

L'arte aiuta a capire chi siamo

Siracusa, giugno 2021

Cara Ada,

quanto tempo ho atteso per rispondere a questa tua ultima lettera. Potrei raccontarti che ho avuto molto da fare, oppure che ero via, o che non mi sentivo bene, ma non è così e mi piace essere sincera perché la franchezza ha per me e per te un grande valore. So che apprezzerai.

È una lettera che devo ammettere mi ha un po' smarrita o forse più semplicemente imbarazzata per l'attenzione che hai donato ai miei lavori, per questo ho dovuto metabolizzare e attendere un po' di tempo prima di risponderti. Devo dire che la descrizione minuziosa che hai fatto di una parte delle mie opere mi ha sorpresa e, ironicamente, ammetto, che mi sono sentita un po' come un cadavere nell'aula di anatomia, nudo, in bella mostra e inerme, al quale puoi dire e fare di lui quello che vuoi, dove con un bisturi viene sezionato e spiegato agli studenti. Ed è quello che succede anche quando si va in un museo e si segue la guida. Prima ci porta ad osservare l'opera nel suo insieme, poi la seziona piano piano raccontando passo per passo e poi la ricompone nella sua interezza, spesso anche a piacimento suo, cioè con la sua interpretazione.

Ecco, io trovo che il tuo bisturi, cara amica mia, è così potente che può lasciare in silenzio per un bel po', come quando finisco di leggere un tuo nuovo romanzo, dove parto decisa, perché so che la cosa sarà seria ed intrigante e che mi trascinerà a seguirti in ogni pagina con quell'attenzione che solo a pochi riesco a dare. Quanta umiltà respiro ogni volta che ti leggo, mentre tu non lo sai.

Mi chiedi, da dove nasce l'ispirazione?

Guardando i miei lavori è una delle domande che mi è stata fatta molto spesso ed è una di quelle che preferisco, perché sono certa di quello che provo in quei momenti, e rispondo come una bambina alla quale si illuminano gli occhi. Come tu sai, ispirazione letteralmente significa: 'respirare su'. Cioè è una percezione che arriva dall'alto verso la terra ed esplode nella creatività in maniera irrazionale e inspiegabile. Ed io confermo il significato letterario e aggiungo che la parte emozionale e spirituale, quando si combinano, creano magie. Dal cielo alla terra, dal niente al concreto. L'artista è solo il tramite che compone.

Non ti ho raccontato che circa tre anni fa quando vivevo ad Ortigia, mi fu offerto dal mio padrone di casa, l'uso di un basso di sua proprietà per aprire un mio studio galleria. Si trovava sulla via che va dalla Porta Marina fino alla piazza Duomo. L'idea era nata da quella fiducia e da quell'amicizia che era cresciuta in pochi mesi; devo dire che fu una di quelle offerte dove non ci pensai due volte perché forse capitano veramente una sola volta nella vita. Dunque, non esitai un attimo e accettai subito, godendo per tre anni di uno spazio magico che mi ha permesso di stare a contatto diretto con un pubblico, che variava da quello locale a quello internazionale. Un luogo dove creavo ed esponevo, dentro quattro mura antiche e un pavimento fatto di antichi sampietrini. Non ti dico l'atmosfera magica e l'umidità che mi entrava nelle ossa, come a volermi far sentire l'odore del sacrificio e del passato.

Si racconta che lo stabile che attualmente contiene appartamenti e diversi bassi, sia stato in passato un carcere. Non a caso la via si chiama Via delle Carceri Vecchie. Osservando più volte e con una certa attenzione le pareti del basso trasformato a studio d'artista, ho riconosciuto delle incisioni su una pietra come ad indicare il tempo trascorso dai carcerati all'interno.

Che brividi, qualcuno potrebbe dire. Io, non so perché, avvertivo invece un bel silenzio e nuove energie, nonostante la posizione del sole che passava a tratti nella via. Mi lasciava infatti lo studio sempre in ombra, ed io avrei potuto sentirmi proprio come un carcerato dimenticato nell'ombra della società. In effetti molta gente non si accorgeva della mia presenza... soltanto qualche curioso che passeggiava lento nella via si fermava e arrivato a quel punto entrava.

Ricordo che un giorno mentre stavo lavorando a delle piccole tele che avrei composto in un unico quadro, entrò una coppia di svizzeri sui cinquant'anni. Entrarono quasi in punta di piedi, un po' come quando si entra in chiesa, per rispetto di chi prega, nel mio caso forse per rispetto di chi mette a nudo la preghiera, attraverso l'energia di cui siamo fatti noi artisti.

Si muovevano nello studio con molta attenzione. Lei non sembrava molto interessata, diede uno sguardo veloce e aspettò il marito; lui invece con uno sguardo più scrupoloso si soffermò su diversi lavori in acrilico rimanendo in silenzio per svariati minuti. In lontananza, intanto, io sentivo arrivare gli zoccoli dei cavalli che salivano la via con la carrozza. Pensai che da lì a due minuti massimo, il silenzio si sarebbe trasformato e ci saremmo distratti tutti. Così alzai lo sguardo, e con la coda dell'occhio notai che lui era davanti ad un quadro che avevo dipinto nei miei anni in Germania, dove era rappresentato il passaggio di una bambina che lascia la vita e incontra la luce prima della morte. Non accennava nessuna distrazione. Dopo qualche istante iniziarono a scendere le lacrime. Feci finta di niente, mentre dal silenzio l'aria si tagliava a coltellate e il rumore degli zoccoli non aveva più importanza. La moglie gli passò una mano sulla spalla e lo portò verso l'uscita, ma si fermarono appena aprirono la porta, perché in quel momento passava la carrozza e il cocchiere li salutò. Allora mi venne in mente la metafora del filosofo armeno dove la carrozza descrive la condizione dell'essere umano, i cavalli rappresentano le emozioni, il cocchiere la mente. Il passeggero è la coscienza.

Per il resto della giornata quante cose che mi passarono per la testa e per il cuore e quante ispirazioni mi travolsero.

A volte mi chiedo: le parole, i colori, la musica contengono veramente la forza di emozionare fino in fondo? E se invece l'essenza fosse in un gesto, in uno sguardo, in un sorriso, e in una lacrima?

Da quando mi sono trasferita in Sicilia, il mio spirito di osservazione si è fatto un po' più intimo in una solitudine quasi voluta a contatto con quello che mi fa stare bene, la natura.

L'incontro con i sassi di cui tu parlavi nella mia opera è avvenuto lentamente, e giornalmente. Vicino casa mia c'è una serie di spiaggette solo di sassi, scogli, rocce e pochissima sabbia. Tutte le mattine molto presto, porto i cani a passeggiare e finiamo sempre in una delle tante spiagge a guardare il mare. Loro amano correre e arrampicarsi ed io rimango sulla riva a maneggiare una marea di sassi levigati molto belli al tatto e all'occhio che sembrano attendere una carezza umana. Ricordo che da bambina li buttavo in acqua, adesso li conservo.

Una volta ne ho messi un paio dentro lo zainetto e li ho conservati per diverso tempo senza accorgermene; poi un giorno facendo ordine, li tiro fuori e li appoggio senza pensarci su un muretto del giardino. Li abbandono per qualche settimana al sole, alla pioggia e al vento, finché un pomeriggio tardi, per caso, mi casca lo sguardo verso il muretto in quel momento illuminato da una striscia di sole al tramonto che passava tra due palme. Mi avvicino, attratta dal gioco di ombre e di luce che tre sassi avevano creato e all'improvviso ci vedo un mezzo volto, umano. Li lascio lì, proprio in quella posizione, e vado a prendere un pennello e della china nera. E così inizia tutto. In un sasso ci dipingo un occhio e in un altro una bocca e così via con altri sassi che sembrano stati scolpiti quasi perfettamente per accogliere un mio segno. Da quel momento sono cresciute tante espressioni, tanti volti, o forse semplicemente esseri viventi, come dice la mia amica storica dell'arte Daniela Del Moro.

Dopo un anno, nasce il progetto, *Chi sono.*

Che titolo, dirai! Come ti accennai, l'evoluzione del progetto è stata intensa e piena di emozioni. Mi sono isolata per mesi ad ascoltare chi fossero quei volti, quegli esseri arrivati dal nulla che si andavano formando tra le mie mani, finché un giorno ho avuto la sensazione di sentire da lontano una voce smorzata dalla forza del mare e poi un'altra ancora e così via. Quanti contrasti ci attraversano quando si vive qua a sud dell'Europa! Bellezze naturali e traffici marittimi. Tutto esiste davanti ai nostri occhi ma molti non ci fanno più caso.

Qua ho un'amica che è volontaria nella Croce Rossa. Quando ci sono gli sbarchi a Pozzallo, a qualsiasi ora del giorno e della notte lei parte e lascia i due figli adolescenti a casa anche da soli. Le prime volte chiedevo tante cose sulle condizioni in cui si trovava a lavorare, poi nel tempo, quando ho percepito quanta tristezza contenessero quei racconti, ho imparato a comunicare con lei tramite un sorriso, un gesto, uno sguardo, che quando lei lo abbassa per guardare a terra e ci rimane a lungo, vuol dire che non c'è più niente da raccontare.

Una volta mi chiamò e mi disse: c'è un bambino da adottare, te la senti?

Sai cara Ada, questo è un mondo dove non mi riconosco più. Rimpiango l'onestà e i valori con i quali sono cresciuta dando per scontato che fossero lì da sempre, come a nascondermi la bruttezza che invece invade la terra da sempre. La storia ci apre le porte del passato per capire, mentre la famiglia in cui si cresce dovrebbe avere solo il dovere di dare amore, per farci vedere a cuore aperto la vita che ci circonda. E dunque come artista dico che bisogna continuare a denunciare e a fare luce su quello che la società non vuole vedere. Perché il compito dell'artista è di mettere a fuoco l'anima delle cose, affinché ci si possa ritrovare un po' tutti da qualche parte.

Bello quel motto che fece scolpire sulla porta di Capua, Federico II di Svevia: *entrino sicuri coloro che intendono vivere onestamente.* Questa sì che si chiama integrazione.

Oggi è una giornata molto afosa. In questi giorni di fine giugno stiamo toccando 38 gradi. Si chiama caldo africano, cioè il cielo si è coperto e sembra proteggerci dal sole forte; invece ha il colore della sabbia e si parla che arrivi dal Sahara, chissà quanto durerà? Nel frattempo, un po' di vento ci aiuta a sperare che prima o poi il cielo tornerà a mostrarci i suoi azzurri e ad emozionarci con una pioggia. Si, perché la pioggia io e i miei figli l'abbiamo sempre vissuta come una festa, dove ridere e sguazzare fino all'ultimo fiato, mentre i contadini da queste parti, quando finalmente la pioggia arriva, ringraziano il cielo per il nutrimento che darà alla terra, troppo spesso arida e sofferente.

Toscanini diceva che le braccia sono l'estensione della mente. Con questa immagine meravigliosa, ti abbraccio e chissà quale ispirazione ci darà ad entrambe.

Maria Cristina

Il linguaggio dell'arte

München, Luglio 2021

Mia cara,

ho appena finito di leggere la tua ultima lettera e un nodo mi stringe la gola, un nodo di commozione: mi è sembrato di gettare uno sguardo nel profondo dell'anima di un'artista e ho visto un universo che nella sua semplicità e bellezza mi ha travolto. Questo dovrebbe essere il mondo di ogni essere umano, riservato purtroppo solo a pochi eletti. E mi chiedo perché. La vecchia domanda che mi pongo da sempre e credo si ponga ognuno: perché soltanto alcuni riescono ad avere una visione del mondo in tutta la sua pienezza e altri ne vedono solo uno scorcio? Chi, che cosa ha impedito al resto dell'umanità di sviluppare quello che si potrebbe chiamare sesto senso? Io sono dell'opinione che ogni creatura viene al mondo con le potenzialità necessarie per vedere in tutta la sua ampiezza la realtà circostante: cioè già in partenza possiede anche questo cosiddetto sesto senso. Non so se mi sono spiegata bene: io considero il sesto senso una peculiarità puramente umana.

L'arte è la sublimazione della realtà, la sua espressione più alta e in ognuno di noi dovrebbe esserci questo istinto (chiamiamolo così), come c'è l'istinto di urlare o di respirare e le due cose sono connesse fra di loro: per urlare bisogna prima respirare, basta un colpetto dietro la schiena, subito dopo la nascita, per mettere il diaframma in movimento, mentre il cuore batte già nel grembo materno. Secondo me questo è il momento in cui il bambino/la bambina veramente nasce alla vita, cioè soltanto quando respira e urla-canta diventa una creatura di questa Terra. Tu sai che considero il canto un urlo coltivato, educato, modulato dalla sensibilità di ogni individuo e non mi riferisco alla bellezza o qualità della voce: ogni essere umano sa cantare. L'ho visto nei miei bambini e ora nei miei nipotini che, con estrema ingenuità, cantano le loro canzoncine incuranti dell'intonazione, ma entusiasti di prodursi, di farsi sentire, soprattutto di sentirsi.

Ho un'allieva, docente di musicologia all'Università di Bressanone, reparto pedagogia, che insegna alle future insegnati oltre a una quantità di nozioni storico-musicali, anche a cantare. Ebbene, proprio lei mi ha raccontato che la maggior parte di loro non ha mai cantato neanche a scuola, in coro! E si rifiutano di cantare nonostante sia una materia di esami: ti rendi conto del significato di questo rifiuto-paura? Cosa o chi ha chiuso definitivamente la bocca a queste persone che in realtà sanno soltanto urlare? Nel peggiore dei casi penso che anche la comunicazione verbale è stata loro impedita e non mi riferisco al piccolo scambio di informazioni quotidiane, bensì alla capacità di esprimersi compiutamente su problemi di carattere più personale, di guardarsi dentro e cercare sé stessi. Cioè fin dalla prima infanzia non hanno imparato a sublimare il grido in un suono artistico... e qui devo ricordare come ai miei tempi in Italia tutti, dico tutti cantavano. Non per nulla il famoso *Bel canto* è nato proprio qui da noi.

Tu scrivi della ricerca di te, dei dubbi, degli alti e bassi della tua esistenza. Chi di noi non conosce questa lotta quotidiana, questa continua ricerca di un linguaggio adeguato per formulare i tanti perché? Guai a non avere dubbi, a non cercare sé stessi, a non avere crisi e entusiasmi: cosa sarebbe la vita se si togliessero i tanti imprevisti, le ricadute e le faticose risalite? E infine: c'è qualcosa di più affascinante della scoperta di sé e quindi degli altri attraverso l'arte? Non si può però sottovalutare un particolare di estrema importanza e cioè il coraggio necessario per guardarsi dentro mettendosi necessariamente in gioco prima di tutto con sé stessi e poi con il resto del mondo. Sì, il coraggio è proprio la chiave di volta per uscire dallo stato di non conoscenza nel quale, anche se non ce ne rendiamo conto, continuiamo a dibatterci: se non avessimo avuto il coraggio di guardarci intorno saremmo rimasti nelle famose caverne!

Pensa che avventura meravigliosa si presenta ai nostri occhi appena veniamo al mondo: un universo del tutto sconosciuto si apre davanti a noi; un mondo che aspetta soltanto di svelarsi in tutti i suoi misteri, nel senso che è in attesa di qualcuno che sollevi il velo per mostrare tutti i suoi segreti... e questo qualcosa o qualcuno è proprio il senso artistico. A lui miracolosamente sono rimasti aperti gli occhi e tutti gli altri sensi per vedere, sentire, capire. Questo ci insegnano i bambini quando per la prima volta aprono gli occhi e guardano con immenso stupore e senza alcuna prevenzione il mondo che li circonda, mentre noi adulti dobbiamo imparare di nuovo a vedere, a sentire, a essere curiosi, dato che l'ambiente, la società nella quale siamo cresciuti, ci ha voluti ciechi e sordi. Infatti, fin dall'inizio ci è stato impedito di tenere gli occhi ben aperti, e vedere il mondo (mi riferisco al mondo degli adulti) come purtroppo è, o meglio come è diventato per l'insensibilità, ma anche per una sorta di diffidenza verso il diverso, l'ignoto, togliendoci la fiducia necessaria per conoscere e anche accettare le possibili difficoltà.

Per fortuna la vita ci ha insegnato ad avere incertezze, dubbi: io ho sempre lasciato le certezze ai matematici. Per loro due più due fa sempre quattro, mentre per me si aprono infinite possibilità: è forse questa la differenza fra l'artista e il resto dell'umanità? Ma io continuo a essere dell'opinione che in ogni essere umano è nascosto un artista che in tenera età è stato ammutolito, annientato, soppresso. Ecco perché non sa più cantare, vedere il mondo con occhi sorpresi e affascinati, sentire e partecipare del miracolo che lo circonda.

A questo proposito ora voglio raccontarti una bella esperienza di qualche giorno fa.

Come ogni mercoledì, ormai da anni, sono venute le mie nipotine, Lilly e Anne. La grande novità è che adesso vengono da sole col monopattino. Devi sapere che abitano a una decina di minuti da noi, cioè date le distanze di una grande città, a pochi passi: un regalo di mio figlio, che voleva abitare a Schwabing e forse vicino a noi... come vedi non so se, nella scelta del suo domicilio, prevalesse il quartiere dove ha vissuto tutta l'infanzia o il desiderio di stare vicino ai vecchi genitori. Qualunque sia stata la ragione della sua decisione, io gli sono molto grata, perché ho avuto la possibilità di veder crescere, giorno per giorno, o almeno due volte la settimana, le sue due bambine. Ho imparato tantissimo, in ogni caso molto più che dai miei figli: adesso ho avuto la possibilità di osservare per modo di dire da fuori il processo di crescita, di apprendimento, di scoperta di queste bambine, per me un esempio dell'umanità tutta. Ho visto come man mano hanno imparato a parlare, a camminare e mi chiedo che cosa, in questo processo di apprendimento, abbia avuto la precedenza: vedere per poi capire e quindi imitare?

È stata una grande lezione per me. Mi è sembrato di assistere a un miracolo: ho visto come un mucchietto di organi sensoriali, o meglio come tutto il complesso che compone quello che noi chiamiamo corpo umano, si trasforma in una creatura vivente. Lo so, ci sono grandi polemiche già da sempre, se l'essere umano è già tale subito dopo il concepimento, quando cioè si forma un minuscolo nucleo di poche cellule che man mano si sviluppano in vari organi, un vero miracolo della natura, formando il corpo del bambino[1]. Il primo grido è secondo me il vero ingresso alla vita.

Non so spiegarti il mio strano modo di vedere queste creature che popolano il mondo. Noi, forse per il gran numero di individui che ci circondano quotidianamente, non li consideriamo niente di particolare, mentre per me, e spero non solo per me, ogni essere umano è un miracolo della natura, e riesce sempre a sorprendermi per la sua perfezione e bellezza. Di solito la perfezione si allontana dal nostro senso estetico di bellezza... ogni macchina è perfetta, non per questo è bella!

Chiudo questa ennesima divagazione e torno al racconto cui ho accennato prima.

Intanto che le bambine erano intente, insieme al nonno, a costruire in giardino una casetta su un albero, io mi sono permessa di suonare, o meglio di studiare una Sonata di Beethoven[2]. Attratta dai suoni che, nonostante la porta-finestra fosse chiusa, si spandevano anche fuori, Lilly (8 anni) entrò dalla cucina, salì al primo piano e in punta di piedi si avvicinò al pianoforte. Classica reazione mia: un salto di spavento.

La bambina si scusò e scappò via. Io continuai a suonare e dopo qualche secondo rientrò battendo bene i piedi in terra per farsi sentire: sembrava attirata come da un filo magnetico. Neanche a dirlo, Anne (6 anni), dopo qualche minuto la seguì e si sedette sul divano.

Da qualche tempo fra divano e poltrone ho messo un tavolino basso (più tardi ti spiegherò il perché di questa novità). Accanto, se ricordi, c'è il caminetto e fra i tanti oggetti

---

[1]Purtroppo nella lingua italiana si parla sempre di bambino, mentre nelle altre lingue c'è, come tu sai, un'espressione che include anche le bambine. Kind, Enfant, Child. Ancora una volta sessismo della lingua italiana.

[2]Sonata op: 14 nr. 2

inutili che coprono la superficie laterale ha trovato anche una scatola di legno apribile come una Matrioska, cioè una scatola con dentro altre scatoline. Lei conosce la mia passione per le scatoline e sa trattarle con cura. Sa anche che per me sono in qualche modo preziose, perché regali di miei allievi o di amici. Silenziosamente cominciò ad aprire una scatola dietro l'altra, intanto che ascoltava la musica, concentrata, attenta. Lilly al contrario si sedette accanto a me, su uno sgabello che non so perché sta sempre lì, così da poter vedere le mie dita sulla tastiera.

Mi sono fermata un momento per dire che la musica non è fatta di suoni senza senso ma che, come le parole, raccontano qualcosa: che c'è un linguaggio dei suoni, come pure un linguaggio dei colori. Man mano che suonavo spiegavo come ogni frase era una domanda che poteva restare sospesa nell'aria in attesa di una risposta, quasi un filo che per un attimo si spezzava per ricomporsi subito dopo. Dissi anche che in quella sonata Beethoven si poneva una quantità di domande in una continua ricerca di qualcosa che gli sfuggiva e magari ritrovava dopo qualche secondo, altrove, dove non si aspettava di trovare. Infine, che la musica, come ogni forma di arte, è un modo di comunicare col mondo attraverso i più diversi strumenti o arnesi, cioè che per comunicare non ci sono solo le parole, ma anche i suoni, i colori, le linee, le pietre.

Ho raccontato che gli esseri umani hanno bisogno di esprimere i loro sentimenti, le paure, le incertezze, ma anche la gioia, il divertimento, il gioco: l'arte è il mezzo ideale per vivere insieme agli altri, per capirsi. Intanto che parlavo e suonavo, spiegavo il significato di certi passaggi, perfino le modulazioni, gli accordi o le cadenze. Le bambine erano affascinate e nella stanza si era creata un'atmosfera magica che non so spiegare: mio marito entrò per cercare le bambine e subito sentì che stava accadendo qualcosa di speciale, e in punta di piedi tornò indietro. Così mi disse in seguito.

Ps. A proposito del tavolino voglio farti sorridere, ancora una volta, con qualcosa di assai curioso, che però ha molto a che fare col mio passato o meglio con l'arcaicità del mio essere.

In questo periodo di chiusure, periodo che ormai dura da oltre un anno, stanca della televisione, dei libri, dell'essere condizionata anche dal punto di vista del lavoro, dato che non è più permesso cantare per via dell'aerosol, ho proposto a mio marito, che al contrario non si sente affatto condizionato, di giocare a carte, la sera, dopo cena. (mi sembra di leggere nei tuoi occhi stupiti... questa poi, stai pensando, anche il gioco!)

Devi sapere che io sono una giocatrice nata, nel senso che se non avessi una volontà più forte di me stessa, trascorrerei la maggior parte del mio tempo giocando a carte!

Questo sicuramente non te lo aspettavi. Confessalo.

Figurati che quando ho conosciuto mio marito, anche lui appassionato giocatore di scacchi, carte e tutto quanto è possibile giocare, a uno dei nostri primi incontri, appunto per giocare a scacchi (una scusa chiaramente), dato che vinceva sempre lui io, per renderlo un po' più malleabile, gli offrii un bacio (il primo!) se soltanto una volta mi avesse lasciato vincere... non lo crederai: ho perso per tutta la serata e lui non ha avuto il bacio, dato che ero furiosa. Tutto questo a Vienna, in un caldissimo pomeriggio del giugno 1965, Café Landtmann, a due passi dal Burgtheater, qualche giorno dopo esserci conosciuti. Si può dire che abbiamo cominciato la nostra relazione giocando prima a scacchi, poi a poker, a ramino e altro ancora. Penso che giocando ci si possa conoscere meglio... se uno sa perdere, se imbroglia, se è una persona onesta; ma anche se pensa o meglio riflette o è soltanto furba: quante cose può insegnare il gioco sull'altro! Ci hai mai pensato?

Non c'è luogo o locale dove non abbiamo giocato a carte.

Negli ultimi 20 anni giochiamo di preferenza un ramino ungherese con regole sempre più complicate, stabilite man mano da mio marito per renderci la vita sempre più difficile, cosa che sconvolge chi per sua sfortuna si trova a giocare con noi. Devo subito aggiungere che qui, nella nostra residenza fissa, non abbiamo mai giocato a carte, non saprei dire perché. Forse per comportarci da persone stimabili, senza debolezze e vizi vari, chissà, o forse per mancanza di tempo.

Ora giochiamo ogni sera e mio marito è convinto che io possiedo poteri magici... perché vinco quasi sempre.

Ada

Responsabilità e coraggio...

Siracusa, agosto 2021

Cara Ada,

mi salta in mente un episodio che risale a quando iscrissi mio figlio in prima elementare, qua a Siracusa. Lo iscrissi in una scuola dove tutti me ne parlavano molto bene e me la consigliarono come la migliore, non una delle migliori, ma proprio la migliore, per la qualità degli insegnanti e degli spazi! Mi fidai, cioè dissi a me stessa che probabilmente avendomi conosciuta un po', avranno intuito che la mia ricerca si basava non solo sulla qualità, ma su qualcosa di vivace ed interessante sotto il profilo umano.

Intanto i pomeriggi siciliani io e mio figlio li vivevamo più che altro tra la grande piazza Duomo e le vie di Ortigia, dove spesso giocavano bambini di ogni età, di ogni specialità sportiva e soprattutto linguistica. Cioè per linguistica intendo il siciliano colorato del gioco, dove abbiamo imparato tante sfaccettature, proprio come era già successo con il bavarese. E c'era sempre un pallone da qualche parte che all'improvviso usciva fuori insieme alla voglia di correre per fare squadra e mirare l'obbiettivo della porta che in questo caso era una porta importante, quella del palazzo Arcivescovile. Ogni tonfo di quella palla in quel luogo sacro, ma soprattutto dirci di pace e di profumo di zagara, risvegliava ogni spirito nascosto. All'interno, non so se lo sai, nel palazzo Arcivescovile si trova l'antica biblioteca **Alagoniana,** e una grande corte interna dove c'è un giardino rigoglioso di limoni e piante rare. Dunque, un angolo di paradiso proprio nel centro di questa isola, animato dalle urla di gioia dei piccoli.

Io seduta sugli scalini del Duomo, spesso li guardavo giocare e mi divertivo ad osservarli nei loro modi di affrontare la palla. Ricordo due bambini in particolare, dal carattere e dalla personalità così distinti che avevo la sensazione che proprio ogni loro caratteristica aprisse le porte alla diversità di tutti; quando giocavano, uno tirava un colpo in porta con una passione sfrenata e un urlo di gioia che avrebbe voluto avere la mamma alla finestra per sentirne l'applauso; l'altro invece tirava quel colpo con rabbia e sembrava avere le fregole in testa e nelle gambe. Doveva sempre stuzzicare tutti e svincolava tra gli altri amici per arrivare da solo davanti alla porta per tirare un gol che aveva un suono secco, come se fosse riferito al peggior nemico. Mio figlio figurati, era timido, forse era il più piccolo, per cui all'inizio faceva l'osservatore, poi l'istinto e quelle urla di sfida di fronte alla palla che tutti capiscono, anche lo straniero di passaggio, lo facevano aggregare per fare squadra.

Allora vedevo il suo coraggio, la sua voglia di integrarsi, di farcela, e questo mi bastava.

Credo che non ci sia differenza tra ciò che caratterizza la lontananza culturale, l'incontro e il bisogno di multidisciplinarietà. Avviene proprio in quanto la diversità ci allontana dalle formule abituali e ci lascia utilizzare una pluralità di codici. Poi di fronte ad un codice straniero, che si tratti di parole o gesti, non ci accontentiamo di parlare ma utilizziamo una molteplicità di altri linguaggi; allora gesticoliamo, facciamo degli schemi e usiamo delle parole appartenenti ad altri idiomi. In definitiva, di fronte all'altro, tendiamo a diventare noi stessi multidisciplinari. Ecco allora, che all'improvviso quell'aria e quei suoni del piccolo paese incastonato tra quattro mura antiche diventava la porta che si apriva sul mondo, proprio come la forma di quel pallone che non solo univa, ma diventava l'integrazione più riuscita.

La scuola aveva degli spazi, talmente generosi che a Milano avrebbero fatto invidia ad almeno due scuole. Puoi immaginare, con quale entusiasmo partii ad iscrivere mio figlio? Clima perfetto, una città tranquilla nel verde circondata ad ogni angolo da reperti archeologici e un mare cristallino. Bambini festosi sempre con il sole in faccia, spazi generosi dove poter giocare, e lui che iniziava una nuova avventura. Mi ricordo come se fosse ieri, quel primo giorno di scuola e sono già passati cinque anni. Lui così piccolino, quasi un puntino insieme agli altri e noi genitori lì a consegnare i nostri figli a quel solito presente, incerto per natura, che solo il sorriso dei bambini lo trasformano nella speranza di un futuro sempre attento e migliore, anche sotto quel sole, a settembre ancora non sotto i 30 gradi. In poche parole, si poteva anche svenire, mentre gli altri resistevano come se il caldo e l'afa appartenesse nel loro DNA. Il clima avrebbe comunque permesso, dopo la scuola, di andare ancora al mare per ben due mesi e i bambini avrebbero scorrazzato nelle piazze a giocare fino alle ultime ore della sera, con quei colori caldi dei tramonti, tipici del sud, dove il cambio delle stagioni si distingue solo dalla luce e dal canto dei gabbiani, che dall'inizio dell'autunno fino alla fine dell'inverno è più lungo e pacato. Respiravamo nell'aria quel senso di eterna vacanza e speravamo che non finisse mai perché come tu sai, erano stati tanti gli anni passati in Germania, tra il freddo, tanta neve, lontani dal mare e con quel profumo di legna accesa da mattina a sera. Poi c'era quella manciata di anni trascorsi tra il mio caos di Milano e la Brianza, dove la parola, lavorare e produrre, è sinonimo di vita vera. Ecco, adesso avevamo la sensazione che si potesse vivere tutto con la stessa profondità, accompagnata da una qualità e una essenza che andavamo a sperimentare via via.

A distanza di qualche giorno dall'inizio della scuola dissi a mio figlio: sai che sei proprio fortunato ad avere un cortile così grande per scorrazzare nell'ora dell'intervallo. Lui rimase silenzioso, sembrava stanco, così cambiammo discorso. Dopo qualche giorno, ripresi l'argomento e lui mi rispose, con un punto interrogativo negli occhi, dicendomi che non venivano portati fuori, ma che rimanevano seduti a consumare la merenda al loro banco. Gli orari della scuola furono fin da subito quelli, dalle 8.00 alle 14.00. Un orario intenso, pensando anche al caldo e alla difficoltà di concentrazione che possono avere dei bambini molto piccoli. Così feci passare due settimane, chiedendo a mio figlio di pazientare perché sicuramente li avrebbero portati fuori, era solo una questione di organizzazione. Invece dopo due mesi, le cose non cambiarono e noi smettemmo di illuderci. La tanto agognata ricreazione all'aperto, in un clima meraviglioso immerso nel silenzio e in un cortile che avrebbe offerto divertimento ad almeno sei classi comodamente, svanì dalla nostra logica.

In Baviera da novembre a marzo nevica molto, e tu lo sai come me che il freddo si fa sentire sul serio. A volte si arrivava fino a 15 gradi sotto lo zero, in pieno inverno, e ricordo che camminare sul ghiaccio era assai difficile, oltre al respiro pesante. Nonostante tutto, con le bambine nel pomeriggio andavamo al parco con lo slittino e a scuola durante l'intervallo anche con trenta centimetri di neve, la regola di uscire all'aria aperta rimaneva invariata, cioè si vestivano adeguatamente ed uscivano a correre.

In Sicilia non mi arresi alla follia di tenere i bambini chiusi tra muri di cemento. Mi confrontai con la preside, un insegnante e alcuni genitori della classe di mio figlio, tra l'altro, avvocati, medici, psicologi, ma non ci furono grandi reazioni di stupore, anzi mi fu risposto: i bambini non vengono portati fuori perché molti genitori hanno paura che si facciano male e la scuola non vuole assumersi nessuna responsabilità. In poche parole, nessuno si schierava a favore delle necessità naturali dei loro figli. In pochissime parole, il dirigente scolastico preoccupato più da burocrazia e bilanci che da pedagogia didattica, non era disposto a correre rischi penali.

Dunque, come era possibile che la ricreazione all'aria aperta, un diritto naturale, un momento che già dall'etimologia della parola ('nuova creazione') promette libertà, movimento svago, divertimento e condivisione, venisse sottovalutata così? La libertà è quella cosa che potremmo paragonare a quei luoghi di zona franca, un'area di libertà dove i bambini hanno la possibilità di incontrare altri bambini di altre classi. Non deve esistere un intervallo fatto solo con i propri compagni di classe. L'intervallo è anche l'occasione per fare nuove amicizie, per incontrare l'amico o l'amica del cuore che però si trova in un'altra classe. Senza contare il movimento che offre la possibilità ai bambini di muoversi e correre. Dissi alla dirigente: provate ad assistere all'inizio di un intervallo in una giornata di sole, nel cortile di una scuola comune. A me ricorda il colpo della pistola che segnala l'inizio della corsa del Palio di Siena. E lei cara dirigente, se lo ricorda il suo intervallo a scuola, la sua tanto attesa ricreazione per incontrare gli altri? Aggiunsi che un adulto può concentrarsi per 45-60 minuti e nei bambini questo tempo è molto minore. Gli studi dicono che i bambini che hanno ricevuto almeno 15 minuti di pausa all'aria aperta, hanno ottenuto risultati scolastici e comportamenti migliori rispetto ad una ricreazione al chiuso o addirittura saltata. Ho la percezione che ci sia qualcosa di crudele in quella ricreazione al chiuso, tra i banchi, e ho anche la sensazione che certi insegnanti siano stanchi di stare dentro un'aula, al chiuso, quando fuori è sempre primavera. Mi rispose con un lungo sospiro, e mi consigliò di cambiare scuola per mio figlio. Lo feci, e trovai la stessa realtà in un'altra scuola statale. Cambiai di nuovo e finalmente a marzo, cioè dopo sei mesi, trovai la terza scuola, questa volta privata, che ci accolse e offriva spazi esterni, dove nell'ora dell'intervallo era obbligatorio uscire dalla classe.

Appena mi rilassai da quel periodo così pieno di stupore e di delusione, per cose che avevano solo il diritto di essere attenzionate, decisi di scrivere una lettera al giornale della città. Fu pubblicata la lettera e smosse giusto qualcosa, cioè un pensiero, una critica, ma a distanza di cinque anni, ti posso assicurare che niente è cambiato e che la vita scorre come se niente fosse. Nel tempo ho capito che qualche volta dovrei smettere di fare dei paragoni, perché mi conducono sempre a confrontarmi per capirci qualcosa in più sulle differenze che dividono l'Italia dal resto del mondo, mentre la vita forse è fatta solo di esperienze che nella loro diversità portano con sé storie di altra natura.

Adesso devo salutarti, qua sono le sei del mattino, e tra qualche ora arriveremo a 42 gradi. Se non mi muovo adesso per fare un giro in bici nel silenzio dell'alba, poi diventa impossibile uscire.

Un'estate così calda e afosa dove l'orizzonte tra mare e cielo è svanito da due mesi, dove le campagne bruciano e i turisti arrivano con quella voglia di vacanza nel caos dei contagi da corona virus, sta diventando pesante e indimenticabile. I siciliani però ci hanno insegnato con i loro sguardi, che bisogna pazientare e che nel silenzio e nel raccoglimento dobbiamo sapere attendere tempi migliori.

Maria Cristina

Biblioteca Alagoniana prende il nome dal suo fondatore. mons. Giovanni Battista Alagona, vescovo di Siracusa per quasi un trentennio (1773-1801). Il pregio maggiore della Biblioteca Alagoniana è costituito da 21 codici latini, greci e arabi. Tra di essi vanno segnalati un Corano commentato, le 'Istituzioni di rettorica' del celebre umanista Giorgio Trapezunzio(1397 – 1486), un 'evangeliario' greco, il 'Libro d'Ore della Beata vergine Maria' con moltissime miniature di stile fiammingo (sec. XIV) e una pregevole Bibbia in caratteri gotici.

Un ospite particolare

München agosto 2021

Cara Cristina,

mi hai scritto una lettera interessante che spiega tanto della mentalità ma anche della volontà tipica del siciliano: sempre attuale la vecchia frase del *Gattopardo* Tomasi di Lampedusa „tutto deve cambiare perché tutto resti come prima". Neanche ai miei tempi si usava portare i bambini fuori per la ricreazione... da oltre 70 anni non è cambiato niente! Qui già all'asilo i bambini escono sempre fuori a giocare e almeno una volta alla settimana, sia d'estate che d'inverno, con qualsiasi tempo, si organizza una piccola gita nel bosco, come minimo all'*Englischer Garten*, con merenda e tutto il resto. Ormai tutti sanno che i bambini hanno bisogno di stare all'aria aperta, possibilmente con un po' di verde, per smaltire almeno una parte dell'enorme energia che hanno.

Tu sai che qui ci sono molti cosiddetti *Spielplätze*, cioè piccoli campi recintati con giochi vari per bambini di tutte le età, e questo praticamente in ogni quartiere della città: mi chiedo da dove nasca questa cultura. Ricordo che a Catania o a Roma, da bambina, non sono mai uscita di casa per giocare, per incontrare un'amichetta o altro; al contrario i miei fratelli potevano andare dove volevano, più spesso sulla strada, dato che non c'erano posti riservati per i giochi; fuori della scuola non avevo nessuna possibilità di incontrare un coetaneo. Come si spiega tutto questo? È un fattore di civiltà? Il sistema educativo siciliano e forse italiano non conosce la pedagogia di Rudolf Steiner; senza contare Maria Montessori, proprio un'italiana, che denunciò lo stato di arretratezza a proposito dell'educazione infantile? È un tema che mi occupa da moltissimo tempo: pensa che ho avuto una sorella (morta da oltre un quarto di secolo), montessoriana, con un asilo privato messo su da lei a Roma. Ricordo i tanti discorsi a proposito dell'età prescolare che hanno lasciato una profonda traccia anche nel mio modo di vedere l'infanzia: mia figlia è anche montessoriana e lavora in un asilo nido. Lo sapevi?

Io trovo che i bambini italiani sono lasciati a sé stessi, cioè la cosiddetta tolleranza dei genitori si basa soltanto su un fondo di impreparazione pedagogica e purtroppo su un eccessivo permissivismo: so che in alcuni ristoranti italiani è vietato entrare con bambini... ne so qualcosa e lo trovo giusto; i genitori hanno trascurato di insegnare ai loro figli una parola molto importante: *rispetto*. Ma se non vengono rispettati loro stessi, mi chiedo dove possono averlo imparato?

Sono molto dura? Mi sembra di vederti scuotere la testa...

Come vedi hai toccato un tasto molto sensibile.

Ma adesso voglio raccontarti cosa ci occupa da alcuni giorni: abbiamo un piccolo ospite che ci impegna giorno e notte... non pensare si tratti di un bambino, ma quasi! È il gatto di mio figlio andato insieme alla sua famiglia in vacanza, in Grecia. Devi sapere che lo hanno portato qui già altre due volte per fargli conoscere la casa e i nuovi padroni, poi la terza volta, domenica pomeriggio, lo hanno lasciato, fra i pianti delle bambine. Non so se lui (si chiama Samy) abbia capito qualcosa, ma durante tutto il pomeriggio girava con calma da una stanza all'altra, tranquillo, curioso. Appena però la sua famiglia è andata via si è nascosto e devo dire che abbiamo avuto non pochi minuti di angoscia perché non siamo riusciti a trovarlo. Semplicemente sparito.

La sera poi è venuto in cucina dove noi cenavamo. Era chiaramente disorientato. Non ha voluto mangiare né bere e dopo qualche minuto si è nascosto di nuovo. Abbiamo pensato di lasciarlo in pace dopo avergli messo il suo cesto, il cuscino, il pullover di mia nuora (che lui ama in modo particolare) e varie altre piccole cose, oltre a qualcosa da mangiare, nelle vicinanze della cantina dove abbiamo visto che spariva. Di notte alcune volte siamo scesi giù per vedere cosa faceva, dove era... niente, del gatto neanche l'ombra. Il giorno dopo lo abbiamo finalmente scoperto dietro il riscaldamento e, ancora peggio, infilato in un buco del muro, del quale non conoscevamo l'esistenza, come un povero gatto disperato. Devi sapere che ha soltanto 8 mesi ed è di razza Maine Coone/Siam, quindi già adesso molto grande e bellissimo. A fatica sono riuscita a tirarlo fuori dal buco. Avresti dovuto vedere i suoi occhi. Era traumatizzato. Ha trascorso una notte intera infilato in quel buco. Non posso pensarci.

Mi ha sorpreso come i suoi occhi fossero in grado di esprimere il suo stato d'animo: non aveva necessità di parlare. Gli occhi dicevano tutto. Io e mio marito eravamo lacerati dalla pietà per questa povera creatura. Tu sai che io ho sempre avuto gatti, fin dall'infanzia. L'ultimo, o meglio l'ultima, Misia, è morta esattamente 10 anni fa e io ho così sofferto che ho deciso di non avere più gatti. Ora ho qui Samy, ospite eccezionale per circa 5 settimane e devo dire che ha sconvolto la nostra esistenza, giorno e notte. Dopo ben 24 ore in cui non ha mangiato né bevuto (e io già pensavo di telefonare alla sua veterinaria per sapere cosa dovevo fare) ha finalmente mangiato due-tre crocchettine e bevuto qualche sorso di acqua. Puoi immaginare il nostro sollievo?

Abbiamo chiuso la cantina per non permettergli di nascondersi: mi angosciava troppo il pensiero di questo gattino infilato in un buco!

Man mano ha cominciato a cercare la nostra presenza, anzi non riesce a star solo e se non ci vede ci chiama, una vocina tenera come di un bambino. Non mi dire che comincio a dare i numeri, ma osservandolo vedo sempre più chiaramente le affinità con un bambino di qualche giorno: il non capire cosa gli è successo, la paura del nuovo, di ogni rumore sconosciuto, di ogni movimento di noi, ogni passo, ogni porta che si chiude e la musica. Per i primi giorni non abbiamo più suonato il pianoforte per non spaventarlo. Ora si è abituato, ma a porte chiuse.

Devo ancora tornare al confronto con l'essere umano, alla sua disperazione, alla paura terribile dell'abbandono, della solitudine, della morte. E penso ai tanti bambini 'dimenticati' durante il grande esodo dalla Germania orientale, sul finire della Seconda Guerra Mondiale, quando tutti, in massa, fuggivano per l'avanzata dell'Armata Rossa. So di centinaia di migliaia di bambini rimasti per strada, abbandonati dalle madri stanche, affamate, disperate. Una ventina di anni fa ho conosciuto una psicologa, che mi ha raccontato di essere stata una di queste bambine, allora di appena tre anni, lasciata (lei disse dimenticata) da qualche parte e recuperata poi dalla Croce Rossa. Insieme ad altre creature dimenticate, o meglio sopravvissute alla guerra, fu portata in un orfanotrofio dove anche crebbe: soltanto molti anni dopo, ormai adulta, ha ritrovato la sua famiglia d'origine, perché al momento dell'abbandono pare che la nonna abbia scritto il nome del luogo di provenienza sulla sua camicina, l'unico segno di riconoscimento... non voglio aggiungere altro.

Torno al mio gatto per non rattristarti troppo.

La sera ci segue nella sala dove trascorriamo un'ora giocando a carte. Da quando la pandemia ci ha isolati dal mondo abituale, abbiamo preso a giocare a carte. Samy, durante il giorno, non ha il permesso di entrare da solo in questa stanza per via dei divani e poltrone che ama per affilare le sue unghiette, oltre ai tanti oggetti che potrebbe rompere. La sera viene dietro a noi, si siede dietro la porta a vetri e si lamenta, piano piano, proprio come un bambino. Io apro e lui fa un balzo subito direzione divani: io alzo il dito e lo guardo dicendo no. Non lo crederai: ha subito capito che è proibito. Si ferma, sempre fissandomi con una domanda negli occhi: lui ha occhi molto espressivi. Confesso di aver dimenticato che anche i gatti riescono a trasmettere con molta chiarezza le loro emozioni, direi quasi i loro pensieri.

Intanto affonda le unghie nella stoffa, sempre fissandomi, senza lasciare la presa, e aspetta. Io allora lo stacco dalla poltrona e di peso lo porto fuori la porta e chiudo, come facevo con i miei bambini quando protestavano per qualcosa che volevano assolutamente avere, quello che noi adulti definiamo un capriccio. Lui resta qualche minuto fermo, poi bussa di nuovo alla porta e mi chiama (stranamente la stessa cosa facevano anche i miei bambini!). Questo si ripete due volte: già la terza volta entra deciso, fa un salto e si distende subito sul pianoforte, proprio dietro il leggio, il posto preferito da tutti i miei gatti. Sonnecchia e aspetta finché abbiamo finito. Appena spegniamo la luce lui subito salta dal pianoforte e ci segue. Ieri sera, dopo una settimana di tentativi sempre falliti, è entrato con qualche disagio, direi incerto sul come gestire la serata, ha fatto un largo giro intorno ai divani ed è uscito di nuovo. Io l'ho lodato, ma non sembrava convinto; è tornato infatti e, sempre senza sapere lui stesso cosa fare, ha preso l'eroica decisione di sdraiarsi sul tappeto, senza gettare neanche uno sguardo sui suoi strumenti di divertimento, le amate poltrone, e ha fatto pulizia generale. Io ero stravolta. Non riuscivo a crederci: ha capito!

Che te ne pare?

Ti aspettavi una storia simile? Figurati che lo abbiamo portato nel nostro giardino, tenuto al guinzaglio, dato che non è abituato ad andare fuori (lui va soltanto sulla terrazza della sua casa), per fargli prendere aria, ma anche per fargli conoscere un altro angolo di mondo. Siamo due vecchi matti? Ma questo lo facevo anche da giovane... una pazzia abituale.

Ricordo, molti anni fa, di aver trascorso due settimane a Grosseto per certe mie ricerche a proposito di un romanzo che stavo scrivendo (io ho sempre bisogno di vedere i luoghi in cui hanno vissuto i miei personaggi più o meno inventati). Lì abbiamo portato la nostra Misia e ogni mattina, tenuta al guinzaglio, le permettevamo di fare un giretto intorno alla casa in cui abitavamo: puoi immaginare le occhiate dei nostri vicini? Un gatto al guinzaglio... si è mai vista una cosa simile?

Ada

Einatmen – Ausatmen[3]

Siracusa, settembre 2021

Cara Ada,

finalmente è arrivato settembre. Mai come quest'anno ho desiderato questo mese con tutta me stessa, proprio come quando ero piccola che dopo una lunga estate non vedevo l'ora che arrivasse altro, in questo caso, il primo giorno di scuola. Ogni anno non so perché, lo sognavo diverso, invece ricordo che solo l'astuccio e il diario profumavano di gomma da cancellare nuova e di matite mai usate, per il resto era un film già rivisto. Infatti, dopo una settimana che mi ero divertita a riempire le prime pagine del diario con tanti disegni, ero già annoiata dal tono di voce della maestra che sembrava uscita da un lager e da quei suoi Tailleur che odoravano perennemente di naftalina.

Sorrido mentre ti scrivo, giusto per dare leggerezza a questa immagine che incombe però nella mia memoria così lontana e che mi appare spesso, un po' come un trauma che nel profondo non ho mai superato, perché mi ha trasmesso tanto vuoto e mi ha portata anche a pensare su che ruolo potesse avere questa persona all'interno della sua famiglia, cioè quale fosse la sua vera vita come madre e come donna, nel senso affettuoso della parola.

Tornando ad oggi, questo settembre 2021 a differenza di altri, l'ho desiderato proprio tanto per le sue temperature più docili che ci hanno riportato a respirare. Le temperature di agosto ci hanno messo veramente a dura prova. Pensa che

---

[3]Respirare - Espirare

sono arrivata ad uscire di casa solo per lo stretto necessario e ho contato che tra luglio e agosto sono stata soltanto un paio di giorni sulla spiaggia e fatto qualche giro in bici. Ero stanca di abbassare lo sguardo per la luce: il caldo mi piombava addosso come delle urla.

Pensa che per ben tre mesi non si è vista passare una nuvola e nemmeno in lontananza il rumore di un tuono. Le giornate di giugno, luglio e agosto sembravano tutte uguali e, per una come me che ama e si nutre del movimento del cielo, è stato come vivere dentro una campana, adeguandomi a quel sudore che si appiccicava addosso, non scivolava e non ti dava respiro, nonostante il vento mantenesse un certo ritmo. Cosa avremmo fatto senza il vento? Lui è stato l'unica speranza, il movimento del domani che verrà, la possibilità di accettare il presente. Ho atteso dunque questa luce di settembre che è pacata e spezza la fine di qualcosa di forte, e ricompone un po' tutto, anche quell'euforia di chi ha vissuto le vacanze estive, come uno sfogo dopo una lunga prigionia in città.

L'aspetto di settembre, cioè la sua anima, come avrai capito, per me è quasi la migliore, anche se poi c'è ottobre, che mi fa perdere proprio la testa con i suoi rossi e gialli dell'Etna che finiscono fino al turchese del mare: allora tutto diventa un'essenza di profumi che si corteggiano da mare a terra e viceversa, mentre la bellezza delinea l'oro dell'alba e del tramonto che possiedono un filtro speciale, quello di guardare le cose con più chiarezza.

Verrebbe voglia di innamorarsi solo tra settembre e ottobre e rimanerci dentro per sempre.

Il cielo poi sembra più azzurro di tutti gli altri mesi e quasi mi commuovo senza un motivo. Quando faccio i soliti chilometri in bicicletta e noto questa luce che si appoggia e accarezza ovunque ecco, cara Ada, in questi momenti la tua terra che adesso è un po' anche la mia, è decisamente magica. Dentro di me tutto si allarga e quello che mi permette di ispirare ed espirare va a toccare ogni organo del mio corpo. È la bellezza che ci ricorda molte verità e lo fa più spesso ad una certa età dove ogni cosa che sembrava stretta e pesante, poi si dilata e vola.

Questo mese ha portato anche altri respiri. Ci ha portato la visita di una delle nostre figlie che vive in Spagna. La dovevi vedere quando ha passato il cancello di casa, sembrava Capodanno! Ha appoggiato le valigie all'ingresso ha respirato profondamente e per due settimane ha fatto solo la figlia, la sorella e l'amica di sempre, insieme alle nostre divergenze di idee che diventano costruttive quando la luna è al suo posto.

In questi momenti io annullo quasi ogni contatto con l'esterno e mi perdo volentieri nei suoi racconti per vivere lei e la sua generazione più da vicino. Mi nutro di altri colori, di altri ritmi, di altre difficoltà e di altri modi di amare. Tutto questo succede di nuovo in un'altra lingua straniera, che a mia figlia sta modellando dentro un'altra mentalità, mentre io le corro dietro come posso, almeno per capirci qualcosa in più; ma soprattutto per non rimanere mai indietro.

L'altro giorno mi diceva che oramai parla talmente bene lo spagnolo che nessuno crede sia una italo tedesca. Poi quando la sentono parlare inglese e tedesco sul posto di lavoro non capiscono se sia cresciuta in Inghilterra o in Germania. Diciamo che poi c'è l'italiano... che quando lo scrive fa i suoi errori di grammatica e allora io correggo e sorrido. Parlare diverse lingue alla fine si è rivelato un grande vantaggio per il lavoro, per le amicizie e per rimanere sempre curiosi con il resto del mondo. Certo quando qualcuno le chiede da dove viene, non sa mai cosa rispondere. Allora io dico che è tutto normale, perché l'appartenenza, per noi che ci spostiamo come nomadi curiosi, può essere al limite in un luogo dove abbiamo lasciato il cuore.

Quando decidemmo di restare in Sicilia definitivamente, dove le ragazze venivano a trovarci spesso, perché la scelta era piaciuta molto anche a loro, sentimmo tutti insieme come se questa terra ci avesse chiamato o richiamato ad un passato che non conoscevamo. Da quel giorno e da quelle sensazioni sono passati cinque anni intensi.

L'altro giorno sedute in terrazza di fronte alla bougainvillea che sta sconfinando dal vicino di casa con prepotenza, raccontavo a mia figlia una storia.

Le raccontavo, come lo racconto a te cara Ada, che quando arrivai in Sicilia la prima volta nel 2015, scoprii che questa isola è piena di diversità paesaggistiche e storiche anche a distanza di pochi chilometri. Mi ricordo che il primo novembre partendo da Siracusa feci una gita di qualche giorno nel centro della Sicilia. Avevo trovato in internet, attraverso una mia ricerca, un'opera d'arte particolarissima che era stata ideata, costruita e posizionata in cima ad una montagna da una artista che aveva sempre fatto il pastore di pecore. La curiosità incominciò, allora presi il numero di telefono e telefonai per avere informazioni, su come visitare quel luogo magico che si chiama Teatro di Andromeda. Mi rispose proprio l'artista, Lorenzo Reina con un accento sicano che oggi so riconoscere molto bene. Gli chiesi, se potevo visitare la sua opera, incontrare lui e se mi consigliava un posto dove dormire per una notte. Mi rispose: «se non hai troppe esigenze, sarà un piacere averti come ospite, ti aspettiamo. Ricordati che è il primo novembre, portati una giacca a vento e scarpe di ricambio, qua fa freddo la sera, potrebbe piovere, insomma non siamo sul mare ma a 1000 metri di altezza.»

Quando vivi in Sicilia e a pochi passi dalla spiaggia non immagini che a pochi chilometri c'è la montagna che ti costringe a cambiarti d'abito e che l'Etna non è l'unica montagna da raggiungere.

Partii da Siracusa con la stessa curiosità che avevo da bambina. Per arrivarci percorsi l'autostrada verso Catania e poi verso Palermo. Uscii dall'autostrada e proseguii in direzione Caltanissetta, cioè iniziai a praticare sui monti siciliani ogni genere di strade, anche quelle dove ad un certo punto ti senti perso nel nulla e sei convinto di aver sbagliato. Ma non si torna indietro per nessun motivo.

Arrivai dopo più di due ore in cima a quella montagna sperduta, che si affacciava su una panoramica fatta di tante colline che si incanalavano fino al mare di Sciacca. Quando scesi dall'auto, lui e la sua famiglia mi accolsero con un sorriso che avrebbe sciolto anche la persona più antipatica. In pochi minuti avvertii quel profumo di familiarità, come se fossi venuta in visita da un vecchio amico. Ci raccontammo qualcosa, giusto per capire come ero arrivata a lui e ad Andromeda, e nel frattempo ci incamminammo tra i suoi asini verso la sua opera d'arte *en plein air*. Davanti a me intravedevo qualcosa di curioso, una porta in pietra e ferro. Prima che Lorenzo aprisse quel passaggio che custodiva la magia che lui aveva creato, mi guardò fisso negli occhi e con un sorriso, mi disse: «sei pronta?» Davanti a me, si aprì un teatro sospeso su una montagna, costruito con massi di pietra una sopra l'altra, ispirato ai tradizionali recinti pastorali siciliani che ospitano i greggi. Un teatro, un luogo di arte e poesia, immerso nella natura, lontano dalla modernità, dal cemento. Niente sembrava casuale, tutto aveva un significato, già prima che lui mi spiegasse perché si chiamasse Andromeda.

Cara Ada ti devo raccontare qualcosa di lui e la sua storia, perché è talmente affascinante, vera e colma di emozioni, che se un giorno non riuscirai a passare su quella montagna, almeno ti ricorderai dei miei e dei suoi racconti siciliani che, come dice Lorenzo: hanno pietre senza peso in cerca d'infinito.

La storia di Lorenzo inizia intorno agli anni 80, nel periodo dove io mi trovavo a cavallo tra il Liceo e l'Accademia e lui invece si trovava a pascolare le pecore ereditate dal padre pastore. Anzi per essere precisa: la sua storia inizia nell'estate del 1967, quando una sera, tornando in paese dall'ovile, il papà di Lorenzo fu disarcionato dalla mula e fiondato tra le pietre e i rovi della trazzera. Ritornò a casa a piedi, portando sulle spalle la bisaccia piena di caciotte, nonostante il trauma e le tumefazioni riportate dalla caduta. La mattina dopo la madre disse a Lorenzo: «a to patri ci dolinu li vrazza, vacci tu alla mannira.» Lorenzo partì che era ancora buio, aveva solo sette anni e il coraggio di un bambino che stava per diventare all'improvviso un uomo. All'alba salendo la trazzera che portava alla 'mannira' incontrò delle pietre stillate di un rosso rappreso: era il sangue di suo padre che gli indicava la via. In quell'attimo qualcosa si illuminò dentro di lui, i doveri di pastore ebbero un crescendo continuo. A dodici anni sapeva già mungere le pecore e allora suo padre gli affidò la custodia di quelle gravide, che dai suoi racconti erano la sua disperazione. Lorenzo li ricorda come anni tristi, niente di bucolico, perennemente assetato di nostalgia per il paese, per i suoi coetanei. Allora imparò a proteggersi dalla solitudine immedesimandosi nelle letture o impastando la prima creta raccolta sul greto del fiume, mentre le pecore riposavano all'ombra del grande platano. Poi venne la chiamata alla leva militare della classe 1960 e scalpitando come un mulo alla corda, attese agognando il momento di salire sul treno che l'avrebbe portato lontano da lì, per riappropriarsi di se stesso. Aveva capito che la sua vita era dove erano le sue sensazioni, in quella scossa che attraversava l'amigdala solo quando penetrava l'essenza di un verso o quando intuiva una forma nella pietra. Ci sono voluti molti anni per decidere cosa fare della sua vita, davanti a quell'uomo dal quale era fuggito, suo padre. Poi arrivò un insolito giorno di maggio, era l'ultimo giorno di vita di suo padre; quel giorno gli chiese di non abbandonare le sue pecore e le sue terre. Cercò in lui una promessa di continuità, la promessa nascosta nel seme che muore. Lo rassicurò e con estrema resa calcò nel gesso le mani del padre, enormi e operose. Quel calco tramutò il suo dolore in resilienza e coraggio. Le sue mani restarono come testimoni superstiti di un patto fatto solo di rinunce; rinunciare alla sua vita mentre lui lasciava la vita del padre tra le sue mani.

Nel frattempo Lorenzo realizzò il 'museo personale' costruito all'interno di una torre che, dall'alto dei suoi tre livelli, insieme alla fattoria didattica, domina il verde dei monti e delle vallate fino al blu del mare, che gli ha permesso di fondere Arte e Natura in un'alchimia originale. Ma per arrivare alla realizzazione vera e propria, passò del tempo, come tutto quello che ha bisogno di tempo in Italia, sempre restia alle belle idee dove non c'è un tornaconto personale. Il primo bozzetto del museo risale ai primi anni Novanta. Aveva modellato una forma tronco-conica, una sorta di fusione tra l'architettura Nuragica e quella Sumera. Presentò fiducioso il progetto esecutivo all'Ufficio Tecnico del suo Comune, ma giunse il parere negativo e nessun Sindaco ebbe mai l'onestà intellettuale di difendere il suo progetto. In quel periodo nasceva il caso di Fiumara d'Arte di Antonio Presti, bollata dal Pretore come abusiva. Era stato condannato all'abbattimento dei 'manufatti' e al ripristino dei luoghi, e Lorenzo non se la sentiva di ripetere le scelte di Antonio anche se condivise.

Non voleva che si parlasse del suo museo solo perché magari era abusivo. Nonostante la difesa accorata di tantissimi amici scultori, pittori, scrittori, con interventi anche sui giornali niente sembrava poter rimuovere l'accanita e personale ostilità dei funzionari dell'Ufficio Tecnico, il cui parere era purtroppo vincolante. Sfiduciato, dopo anni di inutile attesa, con una lettera amarissima al Presidente del Consiglio comunale di quell'epoca, ritirò il progetto e rinunciò pubblicamente alla costruzione del museo.

Una nuova possibilità si ripresentò qualche anno dopo, con l'inserimento del museo all'interno di una progettazione più vasta e di multifunzionalità agricola, che surclassava le pastoie e le ottusità dei burocrati locali che mai avrebbero accettato l'edificazione di un manufatto al servizio della cultura in verde agricolo. Ottenne finalmente la licenza edilizia, ma ormai era passato troppo tempo e la forma arcaica nuragica non dialogava più con lo spirito geometrico della sua ricerca artistica più recente, così in corso d'opera, senza alterare la volumetria iniziale, disegnò un corpo ottagonale, conforme al prospetto attuale. Il museo è la quintessenza di quaranta anni di lavoro e nasce da una intuizione di custodia protettiva, direi femminile. Ha infatti dichiarato il museo 'il suo utero'. E dunque, contenitore e contenuto, si compenetrano e una scala ascende il buio della cripta scavata nella terra di sedime. Qui, in un punto preciso, un'urna attende paziente la sua cenere e la sua ombra.

Mia figlia a quel punto mi chiese una pausa, iniziava a fare buio, andò in cucina, portò un po' d'acqua e mi raggiunse di nuovo, per ritornare a riflettere su chi siamo e cosa stiamo cercando qua in Sicilia. Io risposi che le città tralasciano i valori umani e che forse questa dimensione aumenterà la nostra conoscenza. Mia figlia allora mi chiese se Lorenzo avesse dei figli e come vivessero la realtà del padre su quella montagna.

Allora ricominciai con un lungo racconto, cioè tutto quello che Lorenzo mi aveva rilasciato in un'intervista per un libro che pubblicai nel 2016.

Un tempo, l'ovile era un microcosmo indipendente e autoreferenziale. Era l'antitesi alla globalizzazione consumistica di questo tempo, ma non ha saputo essere antidoto al suo veleno. Lorenzo ha vissuto per molti anni un rito immutabile che si compiva dall'alba al tramonto e ha assistito nel volgere di un decennio alla sua sparizione. Ha visto rinnegare le tradizioni e udito disprezzare i valori millenari della pastorizia che era allora nomade, autarchica ed essenziale. E lui era tra questi. Durante le transumanze, suo padre caricava tutto il necessario (*la murciglia*) sul basto di una mula e una volta arrivati sui nuovi pascoli, costruivano un capanno (*lu pagghiaru*) fatto di pietre e canne dove avrebbero dormito e trasformato il latte. Pascolando intagliavano decori su verghe e campanacci, intrecciavano la lana e il giunco, cucivano le pelli per foggiare grembiali (*vraca*) e giubbe per affrontare l'inverno (*cileccu*). Nessun spreco era consentito. Quando lavava i secchi del latte, la stessa acqua doveva detergere tutti i contenitori fino al risciacquo finale. Ora di quell'enclave primordiale non restano neanche i ricordi, tutto è stato cancellato dallo sviluppo industriale, non dal progresso, che è un'altra cosa. Rimane solo umanità consenziente o inconsapevole ma certamente votata alla mercificazione del mondo. Da parte di Lorenzo c'è una resilienza muta e ostinata che si concretizza nella cultura del fare. I figli, Libero e Christian, hanno respirato fin dall'infanzia questi umori e hanno liberamente condiviso la scelta etica della fattoria e la personale guerra contro la globalizzazione e le multinazionali. Ha fatto loro sempre poche prediche, e si è attenuto all'agostiniano monito che recita: «Ama e fai ciò che vuoi».

Conclusi il racconto della vita di Lorenzo, riavvolgendo il filo della matassa. Niente era stato facile per lui nella vita, per ogni cosa aveva dovuto lottare e sudare, e non sa se per destino o karma; ha dovuto ricostruire più volte, anche dalle macerie, cose già fatte. Trasformare però le difficoltà in opportunità è stato il *Leitmotiv* della sua esistenza. La vita si sconta vivendo, dice il poeta, e sarà la lotta e la passione insieme all'energia mossa, a dare il senso vero a ciò che facciamo e desideriamo. E le inquietudini hanno un senso: aiutano a superare il limite e ad andare oltre. Questo è quello che ha sempre detto ai suoi figli e ai giovani che oggi lo vanno a trovare e si interrogano sul loro futuro, affinché la loro sensibilità li avverta, che vivere è tutto.

Ed io dico a te, figlia mia, che tra qualche giorno volerai via da me, di nuovo nella tua vita frenetica: fidati dei tuoi sogni e del silenzio che è l'espressione della pace, dell'armonia e della perfezione. Chi comprende il silenzio come i pastori sulle montagne, rimane nella dimensione dell'anima che ascolta; rimane nello spazio di un luogo di rinascita, dove non c'è confusione ma dove tutto diventa più delicato, più flessibile e sembra venire da un altro mondo, di poesia, di musica, di ispirazione. Mentre chiudi gli occhi non dimenticare di inspirare ed espirare.

Maria Cristina

60-120: la magia dei numeri

München, settembre 2021

Cara Cristina,

prima di spiegarti il mistero di questi numeri magici voglio concludere la mia avventura col gatto Samy, l'ospite particolare del quale ti ho già scritto. La settimana scorsa mio figlio è rientrato insieme alla sua famiglia dalla vacanza al mare e due ore dopo l'arrivo all'aeroporto le bambine erano già qui. Sono venute da sole col monopattino per rivedere l'amato gatto (tu sai che abitano a pochi minuti da me): devo dire che la mia tensione era al massimo. Le avrebbe riconosciute? Come sarebbe stata la sua prima reazione?

Lui subito si è disteso comodamente su una specie di parapetto che mio marito aveva costruito appositamente per lui sulla ringhiera della scala per evitare che saltando per i suoi giornalieri giochi di equilibrio finisse dall'altra parte: da questa specie di balconcino lui può osservare cosa accade nel piano di sotto, chi viene, chi va... sempre con una zampetta penzoloni e il musetto intento a non perdere nessun particolare. Da questa altezza ha guardato le bambine che lo chiamavano, come sempre curioso, ma niente di più. Sono salite e lui si è lasciato coccolare. Infine, lo hanno preso in braccio (posso dire che adesso pesa quasi sette chili!) sempre tranquillo, hanno giocato con lui... che dire? Quasi il tempo non fosse passato. Dopo qualche ora è venuto mio figlio con mia nuora e li ha ricevuti come una cosa molto naturale. Evidentemente ha riconosciuto la sua famiglia. Fino a questo punto, tutto normale. Lo hanno riportato a casa e mio figlio dopo qualche ora mi ha telefonato: sembrava che non si fosse mai allontanato da lì.

Noi abbiamo approfittato di questa situazione e siamo partiti per l'Italia: volevo festeggiare il mio sessantesimo giubileo di amicizia con Anna nel modo più degno possibile e qui vedi già il primo numero: 60. Ma prima voglio finire la storia del gatto Samy. Siamo rientrati domenica scorsa per festeggiare il compleanno di Anne (7 anni) e dopo una settimana abbiamo rivisto il gatto, questo piccolo traditore: lo crederai? Mi ha snobbato! Mi ha guardato con la tipica indifferenza dei gatti e... basta! Non puoi immaginare la mia frustrazione, anzi il mio dolore. Se penso le notti, le ore, i giorni che ho trascorso con lui; la mia comprensione, la mia tenerezza, la mia pazienza e tutto il resto: alles für die Katze, si dice in tedesco, cioè tutto per niente, buttato via. Che delusione. E con questo si è conclusa la mia disavventura gattesca.

Per fortuna nella vita ci sono anche gli esseri umani, naturalmente non tutti gli esseri umani, ma le amiche, e la mia amica per eccellenza è Anna ormai da 60 anni. L'ho conosciuta nell'agosto del 1961 a Siena, all'Accademia Chigiana, ed è stata sempre un'amicizia a grandi distanze, nel senso che io ero sempre lontana. Infatti, nell'autunno del '61 mi sono trasferita a Vienna dove avevo ricevuto una borsa di studio per proseguire i miei studi nell'allora Accademia di musica, diventata qualche anno dopo Università di Musica. Come sai, sono sempre stata in movimento e ogni ritorno a Roma significava sempre una breve tappa a Carpi, la città di Anna, e questo appunto per ben 60 anni. Anna era ed è una donna molto colta, ottima musicista ma anche particolarmente dotata sia nella scrittura (scrive poesie e alcuni versi sui sassi sono stati messi in musica da una compositrice americana per canto e clarinetto), che nella pittura. Una donna di grande talento artistico, sacrificato sull'altare della famiglia in nome di una rigida educazione cattolica che vede appunto nella donna soltanto una creatura destinata a dedicare la propria vita alla famiglia, ai parenti, a tutti gli altri. Mai a sé stessa.

Per celebrare degnamente questo anniversario ho scelto di andare insieme a lei a Busseto e non a Siena; di solito tornare nei luoghi dei ricordi è molto deludente per vari motivi: non si è più come prima; i luoghi hanno cambiato aspetto o meglio i nostri occhi vedono senza il velo del ricordo e... basta. Non avevo nessuna voglia di tornare a Siena, ma di vedere finalmente i luoghi in cui visse l'uomo che più ammiro: Giuseppe Verdi (1813 – 1901) e qui vedi il secondo numero: 120, cioè la ricorrenza della sua morte.

Ho prenotato in un albergo dal nome assai promettente: *I due Foscari* e devo dire di aver centrato in pieno. L'albergo in stile veneziano, costruito negli anni Settanta da Carlo Bergonzi (1924 – 2014) uno dei più famosi tenori verdiani, è già di per sé uno spettacolo: sembra infatti di entrare direttamente sul palcoscenico di un teatro. Un grande scalone, tende rosso scuro, mobili scuri in falso antico e tutto il resto quasi una messa in scena di non so quale opera ottocentesca. Dalla finestra della mia stanza si vedeva una torre della Rocca Pallavicino, risalente originariamente all'XI secolo, varie volte ristrutturata e finalmente riedificata nella seconda metà del XIX secolo in stile neogotico. Ora, sede del Municipio oltre che del Teatro Verdi, domina la piazza principale della cittadina.

Ho sempre sostenuto che la nostra visione della vita è spesso influenzata dagli incontri che facciamo. Il primo è naturalmente con la madre, col padre, con l'ambiente familiare dove per caso siamo nati e qui, devo subito aggiungere, non abbiamo scelte. Ma gli altri incontri? Anche questi sono decisi dal caso? E le conseguenze, le ripercussioni che possono incidere sulla nostra vita futura, sono tutte frutto del caso?

Dopo il mio viaggio a Busseto sono costretta a ripensare alla vita di Verdi: il suo primo incontro decisivo fu senza alcun dubbio il padre, oste di Roncole, che seppe riconoscere nel bambino una naturale predisposizione per la musica: lo affidò infatti all'organista della parrocchia dove il piccolo già a otto-nove anni cominciò a sostituire il suo maestro in chiesa. Il secondo, molto più importante, fu il suo incontro con Antonio Barezzi, mecenate e appassionato di musica di Busseto, nella cui casa il ragazzo nel 1823 fu accolto per continuare i suoi studi scolastici. Barezzi restò per il resto della sua vita il suo protettore, sostenitore, padre affettuoso e anche suocero, dato che Verdi ne sposò la figlia Margherita, purtroppo morta pochi anni dopo, nel 1840 insieme ai due figli. Ma l'incontro fondamentale per Verdi fu in ogni caso il soprano Giuseppina Strepponi (1815 – 1897), conosciuta nel 1843, con la quale visse per il resto della sua lunga vita. Ecco qui la magia dei numeri, se noti le date: nato nel 1813, nel 1823 si stabilisce nella casa Barezzi e nel 1843 conosce la Strepponi.

Chi era la Strepponi?

Per me è sempre molto interessante conoscere la vita degli autori, siano essi pittori, musicisti, scrittori, ma anche scienziati, filosofi: perché sono diventati artisti, scienziati, filosofi? Qual è stato il percorso di vita che li ha condotti a svolgere queste attività? E soprattutto: cosa ha inciso o meglio quali incontri hanno incoraggiato e spesso aiutato a prendere le più diverse direzioni di vita? Penso che nel caso di Verdi oltre a Barezzi, la personalità che più ha inciso sul suo sviluppo interiore, sulla sua visione della vita e degli esseri umani è stata in ogni caso la Strepponi. Basta vedere i soggetti delle opere prima e dopo aver conosciuto e frequentato questa donna, in ogni caso di alto livello culturale e civile.

La Strepponi proveniva da una famiglia di musicisti e, perso il padre appena sedicenne, iniziò lo studio del canto (col padre aveva già studiato pianoforte). Anche per mantenere la famiglia a 19 anni debuttò in teatro. Oltre ad avere una solida preparazione musicale era anche assai colta (parlava e scriveva ben 4 lingue), faceva parte del mondo intellettuale milanese (frequentava il famoso salotto della contessa Maffei, sua amica) e poi di quello parigino, dove introdusse anche Verdi. In giovanissima età, in seguito a una relazione con un famoso tenore ebbe due figli illegittimi. A 25 anni si legò col ben noto impresario Merelli dal quale ebbe anche un figlio; qui devo pensare alla dipendenza di una cantante dal suo datore di lavoro, ieri come oggi, per cui capisco la ragione di questa relazione. Per la morale del tempo la Strepponi era una cosiddetta 'traviata'; noi ora diremmo: una donna libera da pregiudizi, indipendente e responsabile della propria vita.

Il rapporto con lei influì positivamente non soltanto sui modi sempre bruschi, un po' da contadino, di Verdi, ma anche e soprattutto modificò l'immagine, tipica del suo tempo, del mondo femminile: non posso dimenticare il famoso trittico, Traviata, Trovatore e Rigoletto. Non più donne più o meno vittime del destino, ma personalità degne di rispetto, come appunto Violetta (che suscitò un vero scandalo) e Gilda ingannata da una sorta di Don Giovanni riveduto appunto da Verdi, cioè il Duca di Mantova, un libertino senza alcun senso morale. Chi non conosce 'La donna è mobile qual piuma al vento'? Alla fine dell'opera lui non sprofonda fra le fiamme dell'Inferno, come il Don Giovanni mozartiano, ma continua a godersi la vita; Gilda poi, è il simbolo della fanciulla ingenua che cade nelle grinfie del classico seduttore e decide di morire non certo per amore, come viene spesso interpretato, ma per la vergogna, assolutamente femminile, di essere stata violentata proprio da chi credeva di essere amata. Anche qui non manca un forte messaggio politico-sociale contro il potere maschile che approfitta della propria posizione per soddisfare i suoi sfrenati istinti sessuali. Impossibile pensare a tutte le altre eroine verdiane: si può ignorare il femminicidio di Otello messo in scena? Non voglio elencare le figure femminili create da Verdi, tutte donne piene di dignità, di passione sincera, ben lontane dalle donnine più o meno superficiali delle opere dello stesso periodo ma anche degli anni seguenti: non vittime, non rassegnate. Le donne verdiane accettano la vita con tutti i suoi lati oscuri sempre a viso aperto, come immagino fosse appunto Giuseppina Strepponi.

Mi piace vedere il nostro grande Verdi come un uomo schivo, di grande dirittura morale, rispettoso dei più deboli e bisognosi: ricordo la Casa di riposo per musicisti a Milano, costruita e sovvenzionata ancora oggi con i proventi delle sue opere; un ospedale nelle vicinanze della sua casa di Sant'Agata, oltre alle tante opere di beneficenza che caratterizzarono la sua vita. Lui, proveniente da una modestissima famiglia, arricchitosi enormemente col frutto delle sue opere, non dissipò né condusse una vita di gran lusso come spesso accade ai nuovi ricchi. Comprò terreni e terreni, diede lavoro a una quantità di persone e si considerò un proprietario terriero, soprattutto negli ultimi venti anni di vita, esercitando qualche sporadica attività artistica. Pochi sanno che soffriva di non aver potuto frequentare in gioventù regolari studi musicali al Conservatorio di Milano, dove non fu ammesso agli esami per scarse qualità musicali! Da qui la sua ammirazione per Wagner che conosceva tutti i segreti della strumentazione tanto da farne il punto di maggiore prestigio per le sue opere. Verdi, il mio amato Verdi, impegnò gli ultimi dieci anni della sua vita a rivedere la strumentazione dei suoi spartiti e già nella sua ultima opera, Falstaff, (1893) si sente l'enorme salto in avanti, la libertà strumentale oltre che vocale, e la sua inesauribile inventiva, senza contare la superiorità vorrei dire storico-civile del testo, realizzato insieme a Boito[4]. La figura di Falstaff, un donnaiolo quanto mai sfortunato messo in ridicolo proprio dalle donne che pensa di poter sedurre, e la frase che gli mette in bocca nel finale: „tutto nel mondo è burla" ne dimostra la maturità raggiunta. Altra testimonianza della libertà di pensiero si può leggere nell'Otello (1887), sempre con libretto di Boito, quando qualche anno prima fa dire a Jago una frase allora considerata blasfema: „Credo in un Dio crudel che m'ha creato simile a sé".

Mi piace molto che abbia cominciato con un Nabucco serio, impegnato storicamente (chi non conosce in tutto il mondo il famoso coro „Va pensiero"?) per finire la sua attività artistica appunto con questa frase (tutto nel mondo è burla) e con un'opera per modo di dire buffa.

Una parabola che lascia senza fiato, che mi ha fatto inchinare davanti alla sua scrivania, al suo letto di morte, riportato dall'albergo milanese Grand Hotel et de Milan, vicino alla Scala, dove aveva l'abitudine di scendere durante i suoi soggiorni milanesi.

Infine, voglio anche ricordare il mio maestro di pianoforte, a Catania, come ogni volta che pronunciava il nome di Verdi si levasse il cappello... e dovremmo farlo anche noi, almeno col pensiero, verso l'italiano più onesto e in ogni caso più famoso nel mondo.

Come vedi, ho commemorato degnamente i miei sessant'anni di amicizia con Anna ma anche con la musica in generale.

Ada

---

[4]Ognuno sa che il soggetto originario delle due opere è stato tratto dai testi di Shakespeare, ma la loro popolarità si deve alla musica di Verdi e ai libretti di Boito.

I bei ricordi non hanno un tempo

Siracusa, ottobre 2021

Cara Ada,

Di solito tornare nei luoghi dei ricordi è deludente.

Oggi mi collego alla tua frase per dirti che anche io non amo tornare indietro, cioè incontrare qualcuno con cui ho avuto un rapporto speciale in quei luoghi dove il ricordo è legato ad altri tempi, ad altre emozioni, ad altro che era di noi. Non tanto perché mi metterebbe nostalgia del tempo che immancabilmente passa, mentre tutto quello che ti circonda spesso sembra immutato, ma perché le poche volte che sono tornata indietro, tutto aveva un altro sapore e allora capisci che l'unicità degli incontri esiste veramente solo nel momento in cui lo vivi.

Dopo quell'anno, trascorso in centro a Milano, prima che mi trasferissi definitivamente in Sicilia, provammo a vivere fuori città per cercare un po' di silenzio. Avevo bisogno del verde, della campagna, dei boschi e di vedere mio figlio che poteva scorrazzare ed entrare la sera in casa, sporco, stanco e soddisfatto e magari chissà di aver raccolto le patate con la vicina di casa, di aver corso dietro alle galline e fatto coccole con i gatti.

Cercavo un posto dove ci fosse il profumo della terra, proprio come vivevamo in Baviera in quel paesino sulla collina a 50 km da Monaco, composto da seicento anime e tante altre pecore, asini, mucche e galline che quando nevicava di starsene all'aperto non ne volevano proprio sapere, e allora Rosemary dalle braccia forzute e lo sguardo da vera contadina le cacciava dalla stalla con un canto docile che stranamente non le si addiceva. Ecco cosa mi mancava oltre a quei profumi, lei, con il suo temperamento forte e sicuro, e mi mancava quel senso di comunità dei paesi agricoli, dove tutti si conoscono e ognuno c'è per tutti.

Cara Ada, dopo qualche mese, trovammo una soluzione ideale, lontano da Milano immersa nel verde, nei boschi della Brianza. Una cascina dall'architettura rurale, risalente al 1571, adiacente alla villa di una famiglia nobile di Milano. La cascina aveva una pianta quadrata con una grandissima corte interna dove in un lunghissimo passato erano stati piantati cinque gelsi, oggi di proporzioni notevoli. Si poteva accedere al suo interno solo da due entrate, una posta a nord e l'altra posta a sud. Appena entrai la prima volta, rimasi senza parole, cioè mi sembrò di essere catapultata in un passato che non aveva visto per secoli un restauro, a parte due stalle trasformate nel rispetto architettonico a villette a schiera.

Una facciata della cascina in particolare era di uno splendore unico con archi acuti di stile neogotico. Era la scenografia perfetta che avrebbe fatto invidia a qualsiasi sceneggiatore che sa servirsi della bellezza per esprimere al meglio ogni dettaglio per fare un bel film.

La scelta di trasferirci li fu veloce, infatti la settimana dopo prendemmo le quattro valigie che avevamo a Milano e ci dimenticammo del tram sotto casa, del traffico, della frenesia e di tutto quello che la città mi aveva tolto, soprattutto energie ed ispirazioni. Iniziammo questa nuova avventura nel silenzio di una cascina abitata ancora da una parte del personale, che era stato in passato al servizio della nobile famiglia.

La casa che avevamo preso in affitto, aveva le vetrate della cucina e una parte di quelle del salotto che poggiavano sulla corte interna, mentre le camere e la sala da pranzo verso il giardino e fino al parco, dove passeggiando si trovava un ruscello. Alla mattina quando scendevo dalla camera per fare il caffè spalancavo la persiana della cucina e mi incantavo a guardare il porticato che si trovava proprio davanti al mio sguardo. La cascina aveva il volto di un luogo abbandonato. C'erano ancora le stalle con i vecchi portoni in legno e gli attrezzi usati per i cavalli appesi all'entrata, quasi abbandonati a sé stessi. Dalle abitazioni di lato alla mia destra, uscivano due donne piano piano, come lucertole impaurite, schive verso lo straniero, perché padrone dei loro spazi da sempre; anime antiche, donne anziane o apparentemente anziane, con i grembiuli perennemente addosso, come se cucinassero da mattina a sera. Nel piano superiore a quelle abitazioni, proprio nella parte più affascinante della cascina, dove c'era un grande ballatoio, vedevo spesso una giovane donna, molto bella, di origini siciliane che, affacciata alla balconata fumava e stava tra i suoi pensieri. Alla mia sinistra invece, c'era Marina, il personaggio forte di tutto il contesto, che già alle 9.00 di mattina si sedeva fuori, sulla sua panchina e osservava ogni movimento della cascina. Marina era lì da sessanta anni, e ne aveva più di ottanta. Era stata la governante a servizio nella villa dei conti. Sapeva vita, morte e miracoli di tutti e se volevo un'informazione sincera, ma anche molto personale, avevo capito che dovevo passare da lei.

Mi sembrava di vivere su un grande palcoscenico dove ognuno era protagonista del suo monologo.

Dopo qualche settimana, organizzammo il trasloco dalla Germania, dove nella nostra casa avevamo lasciato non solo i mobili, quadri e tutto quello che possedevamo, ma anche cinque ragazzi italiani che avevo ospitato un anno prima, in cerca di lavoro. Nel 2011, non so se ti ricordi, ci furono circa 4000 italiani che immigrarono solo nella città di Monaco, e ancora di più dalla Grecia. Fu una vera invasione di giovani in cerca di lavoro. La casa dove vivevamo era molto grande e così decidemmo di aprirla a giovani che non avevano un contratto di lavoro, non parlavano il tedesco e avevano bisogno di capire se la scelta che avevano fatto era quella giusta. Avrei molto da raccontare di questa esperienza, ma voglio tornare in Brianza per concludere la mia lettera di oggi.

L'avventura in cascina ci stava piacendo, anche a mio figlio, quando un pomeriggio, giocando nella corte, si accorse che nel ballatoio vivevano tre bambini, due sorelline con un fratello. Gli si illuminarono gli occhi, allora corse dentro e mi costrinse a chiamarli per giocarci. In quel momento trovai l'occasione per presentarmi agli abitanti della cascina. Bussai porta per porta e ci presentammo così come si faceva nei paesi una volta, quando la straniera o la forestiera arrivava da lontano e non si sapeva bene chi dovesse fare il primo passo.

Li conobbi tutti nel giro di una settimana, con quel loro dialetto nordico che quando gli davano dentro non capivo niente, allora sorridevo così... giusto per accompagnare l'imbarazzo di quando uno usa l'intuizione invece che la conoscenza e alla fine sembra anche un po' scemo.

La casa era grande, avrei avuto bisogno di un aiuto per tenerla pulita, allora chiesi a Marina, se conosceva qualcuno. Lei mi indicò con la mano l'abitazione dell'angolo opposto che rimaneva più nascosta, dicendomi: «*vedi, quella porta là che sembra di uno sgabuzzino, ci abita invece una ragazza da sola ed è arrivata da qualche mese. So che ha bisogno di lavorare.*»

Colsi l'occasione e bussai a quella porta che non aveva una chiusura sicura, e se ne stava sempre aperta. Il 13 giugno conobbi Rosy, era di qualche anno più piccola di me, aveva uno sguardo smarrito e il sorriso di una bambina. Le chiesi se poteva dedicarmi qualche ora a settimana e se aveva già fatto un lavoro del genere. Mi rispose che era specializzata nelle pulizie e che negli ultimi anni non aveva fatto altro. Rosy entrò così nella nostra casa, dopo qualche giorno, nel senso che entrò a far parte della nostra vita, con tutti i suoi racconti.

Nel frattempo, conobbi altre persone che vivevano un po' più distanti ma sempre dentro la cascina. Indiani che lavoravano in fabbrica, altri anziani e poi Marco, un uomo sui quarant'anni che faceva il manovale; spesso lo vedevo lavorare il legno in una specie di laboratorio messo su da lui alla buona, ma molto funzionante. Un giorno mi avvicinai e attaccai discorso, scoprendo che aveva la passione per la musica, per il legno e un sogno che stava in un cassetto: quello di fare teatro.

Rosy intanto era indaffarata con le nostre scatole del trasloco, un lavoro talmente faticoso che solo la sua forza fisica e mentale le permetteva di andare avanti e indietro sulle scale mettendo ordine e trovando un posto per tutto. Di nuovo avevo trovato un'altra Rosemary, e guarda caso lei era Rosy.

Rosy era un angelo per me e per la casa, era anche la mia salvezza nel momento del bisogno. Ma chi era Rosy veramente? Perché si trovava da sola in quel posto, perché avevo la sensazione che nei suoi splendidi sorrisi e in quella forza c'era tanta sofferenza? Un giorno ci sedemmo sullo scalino di casa sua e mi aprì il suo cuore. Rosy aveva avuto un'infanzia difficile e non solo era una donna sola, ma era stata anche una mamma. Aveva perso la sua prima figlia di tredici anni in un incidente e una seconda figlia molto piccola, quando Rosy fu arrestata e messa in carcere per qualche anno, insieme al suo compagno per uno stupido spaccio di droga. Si trovava in quella cascina perché i proprietari della villa, che avevano un buon rapporto con il prete del paese, avevano deciso di offrire degli stabili a persone in difficoltà che provavano a rifarsi una vita nella società. Era uscita da qualche mese dal carcere, ma senza di lui, e si trovava sola senza parenti e senza una famiglia ad aspettarla. Mi chiesi: dove si può trovare ancora la forza di vivere dopo tanti dolori accumulati in una manciata di anni? Probabilmente Rosy aveva saputo cercare dentro di sé la luce della speranza e la forza nel sacrificio, dando un significato all'amore, diverso da quello che conoscevo io.

Dopo quella lunga e dolorosa chiacchierata, avevo bisogno di distrarmi e andai a fare quattro risate da Marco con il quale, giorno per giorno stavamo ideando qualcosa di interessante.

Dopo sei mesi, le idee presero forma e dopo aver coinvolto ogni persona della cascina, presentammo un progetto espositivo che avrebbe coinvolto e ospitato 23 artisti e artigiani da tutta Italia.

In un fine settimana di giugno del 2015, la cascina per la prima volta prese un'altra vita e tante voci. Il silenzio fu accarezzato dalla gioia dei bambini e da artisti e artigiani raffinati che occuparono lo spazio assegnato, creando tutti insieme un grande cerchio espositivo. Nel frattempo, sotto i gelsi organizzai dei workshop da offrire ai più piccoli, creando mandala, lavorando l'argilla, pezzi di vetro colorato e altro materiale per creare mosaici. E Marco poté finalmente mostrare la sua grande passione. Era riuscito a mettere su, nel giro di quattro mesi, un gruppo teatrale con giovani del paese preparando la Giara di Pirandello e presentandola l'ultima sera dell'evento, proprio sotto le stelle e sotto quella facciata neogotica che sudava di bellezza. Recitarono come se l'avessero fatto da sempre. Devo dire che fu uno spettacolo unico che unì ogni livello sociale di qualsiasi età. Riuscirono a portare molta gente con tanti passaparola, sia dai paesi limitrofi che da Milano. Trovo straordinario anche il fatto che la gente arrivava dal paese a piedi per un chilometro con le sedie pieghevoli sotto il braccio, nonostante il comune ci avesse generosamente prestato le loro. In chiusura dei tre giorni dedicati all'arte e alla voglia di condividere qualcosa di bello, imbastimmo per tutti una cena sotto i famosi gelsi, che trasmettevano non solo un'energia speciale, ma in caso di pioggia ci avrebbero salvato l'evento. Furono tre giorni della mia vita dove sentivo che forse il ritorno in Italia non era poi così male.

Marina, la più anziana di tutti, non si mosse dalla sua panchina per tre giorni, rifiutò anche il riposino pomeridiano, pur di godere, per la prima volta nella sua vita, qualcosa che non aveva mai visto, perché nella vita aveva solo lavorato e gestito la famiglia. I giorni seguenti, quando mi ripresi dalla stanchezza e da una gastrite che mi aveva limitato nel mio da fare, nonostante nessuno se ne fosse accorto, io e Marina facemmo una chiacchierata del più e del meno, sedute sulla panchina, guardando i gelsi e poi cascammo in una voragine di silenzio misto a commozione. Volevo prenderle la mano e dirle che mi aveva reso felice vederla con la gioia negli occhi per tre lunghi giorni, e che avrei voluto fare tante cose belle in quel luogo magico anche se non mi apparteneva niente, ma l'arte mi legava ovunque io andassi. Lei però mi anticipò, prese la mia e stringendola forte, mi ringraziò di aver portato vita, colori e tanti bambini in questo luogo spento da tempo.

Quella notte dormii poco, e pensai più volte se stessi facendo la scelta giusta, cioè se sarei stata veramente capace di lasciare un posto umanamente bello per un posto al caldo altrettanto bello e umanamente da conoscere. La voglia di conoscere e sperimentare mi ha sempre spinto oltre. Quell'angolo della Brianza dopo un anno era già diventato un ricordo, insieme alla solitudine che accompagnava la vita di tutti quelli che ci vivevano o per meglio dire, lavoravano e basta.

Maria Cristina

Storia e preistoria: un incontro

München, ottobre 2021

Mia cara,

già da tempo il mio caro amico Fabio[5] mi aveva proposto di farmi conoscere una persona fuori dall'ordinario, uno scultore ladino.

Tu sai che la situazione attuale mi ha impedito per oltre un anno di tornare in Sudtirolo, anzi nei primi mesi di questo periodo particolare non sono neanche uscita di casa se non per necessità improrogabili: si è paragonata la pandemia alla guerra, così ha almeno dichiarato il Presidente francese, troppo giovane per sapere cosa sia una guerra. Io ho avuto la sfortuna di conoscerla e posso testimoniare che si tratta di ben altra cosa. Ma non è di questo che voglio parlare.

Appena possibile infatti, ho oltrepassato le Alpi e subito i miei carissimi amici sudtirolesi hanno voluto incontrarmi, così pure i miei amati allievi. Questo è accaduto qualche mese fa, credo di avertene parlato: Fabio, uno dei pochi italiani in terra altoatesina che da oltre dieci anni mi onora della sua amicizia (i miei amici sono quasi tutti di lingua tedesca) è un giornalista (per questo motivo l'ho conosciuto), molto impegnato culturalmente, persona sensibile e, essendo mio amico, estremamente paziente. Da un primo rapporto solo professionale, nel corso degli anni, abbiamo trovato diversi punti di contatto anche di carattere umano. Infine, siamo diventati amici.

[5]Fabio Zamboni, giornalista presso il giornale *Alto Adige* di Bolzano

In poche parole, qualche mese fa mi ha invitato a una conferenza al Centro Trevi di Bolzano, in cui avrebbe presentato uno scultore anche attraverso un documentario. Nonostante le restrizioni del momento, la sala era piena, posti distanziati, mascherina e controlli vari all'ingresso. Non sapevo cosa mi avrebbe aspettato. Quel giorno ero molto stanca e in qualche modo impaziente, un connubio per me assai frequente. Il piccolo film mi incuriosì. Lo scultore era anche in sala insieme al documentarista e al mio amico. Niente di più, ma le sculture presentate nel film mi colpirono in modo particolare tanto da farmi decidere di accettare finalmente l'invito di Fabio. Qualche giorno fa, infatti, insieme al mio amico, sono andata a Ortisei, dove risiede lo scultore.

Tu, da buona toscana, forse non hai avuto un contatto molto ravvicinato con le Alpi e la gente del luogo come me: mi riferisco ai ladini, un piccolo popolo assai antico con una propria lingua, parlata ancora oggi, fermo lì da secoli, sulle cime più alte di tutto l'arco alpino, dalla Svizzera all'Adriatico. Io avuto diverse allieve ladine, tutte molto musicali, belle voci, persone squisite. Tantissime volte sono stata fra quelle montagne e le ho sempre amate come la mia vera patria; ogni mio ritorno è sempre un atto di gratitudine verso la Terra che mi ospita, che ci ospita: le Alpi, poi, hanno per me un significato tutto particolare. Ogni volta che attraverso la frontiera sono commossa, anzi sconvolta, non per motivi nazionali, ma perché la vista di quei giganti mi trasporta in un mondo antico, arcaico: mi sembra di vedere le ossa della Terra in tutta la sua crudezza e bellezza.

Ortisei è un delizioso paesello a oltre mille metri di altezza, per cui arrivarci significa una curva dietro l'altra, paesaggi montani mozzafiato in ogni stagione; adesso poi, in pieno autunno, si gode un continuo cambio di colori dal giallo, al rosa, arancione, rosso cupo e anche verde: uno spettacolo già di per sé che riempie l'anima.

Negli ultimi 30 – 40 anni il suddetto paesello è diventato un rinomato centro turistico sia invernale che estivo, allargandosi a dismisura, crescendo con sempre nuovi fabbricati, cioè alberghi, pensioni e altro: io ci sono stata già 40 anni fa e posso assicurarti che non mi ci ritrovo più.

Il mio amico sapeva bene dove andare e infatti ad un certo punto fermò l'auto. Mi mostrò una casa e mi disse: eccoci arrivati.

Bisognava salire una scala esterna, aprire una porta abbastanza modesta e uscire dal mondo reale per entrare in un'altra dimensione.

Si trattava di un piccolo laboratorio ingombro di pezzi di legno, arnesi vari, oggetti a me sconosciuti, messi lì forse a caso, magari in attesa di essere usati, quasi l'anticamera di un luogo misterioso.

Una specie di purgatorio.

Un uomo, un vecchietto sedeva da una parte, una domanda negli occhi: chi sei? Cosa vuoi? Taceva. Le parole spesso sono superflue. Un silenzio denso di attese. Non era solo. Un altro uomo era lì e fino alla fine non ho capito chi fosse. Intanto arrivò la figlia dello scultore e il mio amico. Una breve presentazione: il vecchietto sapeva della mia venuta? Penso di sì e... chi era il vecchietto? Mi sento terribilmente irrispettosa definire quell'uomo un 'vecchietto', ma abbiamo altri sinonimi per un uomo molto avanti con gli anni? Sono stata informata: la persona che sono andata a conoscere ha 97 anni, cioè si avvicina al secolo e nel nostro vocabolario naturale definiamo un essere umano di circa un secolo 'vecchio', ma l'uomo che mi stava davanti, seduto in un angolo accanto all'unica finestra, era veramente un vecchio? E a pensarci bene, cosa è veramente vecchio? Corro a leggere nel mio amato Dizionario Etimologico e trovo: 'persona che ha molti anni di vita.' Brunetto Latini 1294, citazione che mi piace più di tutte le altre.

Fui subito attirata dagli occhi curiosi, chiari, quasi trasparenti e vorrei aggiungere innocenti dell'uomo. Notai che quegli occhi sorridevano in qualche modo divertiti: immaginava quello che sarebbe accaduto subito dopo? Avevo davanti a me un piccolo uomo con una lunga barba bianca, il corpo delicato, forse ridotto dagli anni a quelle dimensioni, ma ugualmente vitale; in ogni caso il corpo di un essere umano che ha vissuto altrove, in un suo mondo assai lontano dal nostro, dalla nostra realtà o almeno da quello che crediamo essere la realtà: i suoi occhi me lo dicevano. Ho capito subito che quel corpo gli è necessario soprattutto per supportare gli organi più importanti: gli occhi, il viso scarno, sensibile, la fronte aperta, piena di contenuti. In una parola, la testa ma soprattutto le mani vibranti, possedute quasi da una forza magica; mani che riescono a realizzare, a dare corpo, a dare forma alle figure che soltanto i suoi occhi vedono, trasportando così nella nostra realtà le immagini, le visioni, i pensieri, le reminiscenze di un passato lontano ma fermo nel suo ricordo più lontano nel tempo: ecco a cosa serve avere un corpo!

Una grande scoperta per me.

Ma tanto avevo ancora davanti a me, tanto da scoprire.

Qualche minuto dopo, infatti, ho attraversato la soglia di una porta che, entrando, non avevo subito notato e sono passata nel suo mondo, lasciando il mio dietro le spalle. È stato un salto di secoli dove il tempo, nella sua imponderabilità, perde definitivamente di significato: una sorta di sbigottimento, altrimenti inspiegabile, mi colse, tanto da togliermi il respiro. In un susseguirsi di locali, scale da salire e scendere, porte che si aprivano e chiudevano, passando da uno spazio all'altro come in sogno, annaspando, alla ricerca di luoghi o meglio di aria, di aria consueta, di termini conosciuti... fu un vagare nei luoghi sconosciuti dell'inconscio, e sarebbe meglio dire, un ritrovarsi nell'inconscio collettivo di noi tutti.

Credo che gettare uno sguardo nel profondo dell'essere umano sia qualcosa che effettivamente deve togliere il fiato, tanto da provocare uno smarrimento quasi primordiale. La stessa cosa come incontrare un nostro progenitore ancora coperto di peli, con negli occhi un presagio di umanità, un piccolo segno di comunanza, di appartenenza alla stessa specie.

Così trascorsi un tempo indeterminato, forse un'ora o più, sprofondata nel nostro passato, nella nostra preistoria, quella che non è mai stata scritta da mano umana, ma solo dai sassi o dagli alberi. Gli alberi infatti sono i testimoni più significativi dei secoli passati: in ogni ruga del legno si può leggere il trascorrere del tempo, delle stagioni, delle tempeste che si sono abbattute sulla nostra amata Terra. Gli alberi hanno vissuto e sopportato tutto, sempre proiettati verso l'alto, verso quel cielo che è un dono e una maledizione, che dà vita e morte, sempre insensibile e lontano, di una bellezza struggente.

Quest'uomo, e credo sia arrivato il momento di fare il suo nome, Adolf Vallazza, ha sentito forte il richiamo degli alberi; ha capito che hanno una voce e una lunga storia da raccontare in un linguaggio proprio, difficile da decifrare o tradurre in termini puramente umani: il linguaggio degli alberi è antico come il mondo, non ha grammatica né sintassi ma neanche le parole inventate dagli umani. È un linguaggio fatto solo di rughe, di pieghe, di ferite inferte dal tempo nella pura carne dell'albero che è poi quello che noi banalmente chiamiamo legno, la prima vera carne prodotta da Madre Terra: lui, quest'uomo straordinario, ha interiorizzato questo linguaggio, ha sentito la voce lontana degli alberi e ne ha capito il messaggio. È diventato il loro interprete facendo del legno la sua materia di espressione artistica.

Il legno, nonostante la mano distruttrice dell'uomo, ha conservato la propria struttura, la propria arcaicità e Vallazza ha rispettato la sua voce antica, ha lasciato finalmente che narrasse le sue storie con la sua propria voce, senza intervenire in maniera massiccia, senza cambiarne i connotati, come sempre è accaduto nel corso dei secoli. Lui ha restituito all'albero, alla sua carne, la dignità, il dovuto rispetto.

E ha messo su grandi strutture da lui definite Totem o Menhir, anche questi, termini antichi, simboli di una umanità scomparsa, ultimi resti di una preistoria che non è possibile scrivere, segnata alla grande nelle caverne, sui muri, sparsi lungo tutto il Pianeta. I Totem di Vallazza, come tutte le altre figure, sono realizzati su rozzi tronchi rosi dal tempo; travi di vecchie case, imposte di finestre, rustiche porte risalenti a centinaia di anni fa; legni scuri o anche chiari sempre devastati da chissà quali intemperie, divorati dagli insetti, carichi di passato, di storie umane e no: la figlia mi ha detto che si tratta di resti di legno trovati da un vicino di casa fra le macerie di vecchi masi di montagna, relitti destinati alle fiamme appunto perché non più altrimenti utilizzabili.

Inoltre, i locali di questo straordinario Atelier sono pieni di una gran quantità di figure che noi ci permettiamo di definire astratte, mentre in realtà rappresentano i pensieri che non si possono esprimere altrimenti, per i quali non esistono parole, frasi: sono i suoni, le voci del legno, la loro espressione, i loro racconti e forse i loro sogni. L'artista è infatti l'interprete ideale delle storie, siano esse brevi episodi o soltanto una scena, un suono che, in una continua ricerca, tenta di materializzare, di spiegare a noi, ciechi e sordi.

Perché il legno è pieno di contenuti sonori, senza forma, senza un filo conduttore. I suoni del legno, sotto le mani di un artista, si trasformano allora in figure fantastiche che cantano musiche arcane, mai sentite; che narrano di tempi assai lontani, di vicende vissute e mai dimenticate, fissate fra le rughe della sua carne, nei pori, nella sua struttura spesso tormentata dalla pioggia, dai terremoti, dalle esplosioni di vulcani; ma anche della presenza di animali ormai scomparsi che ne hanno roso la corteccia, cioè la pelle, i rami, le foglie per nutrirsene. Tante storie che aspettano di essere lette, ascoltate, capite anche da un essere umano. Ed ecco finalmente un uomo di Ortisei che, seguendo la tradizione del luogo dove è nato, partendo dalle figurine intagliate nel legno, comincia a sentire la voce del tempo, a capire le storie che questo residuo di vita narra e smette di intagliare crocifissi e altre figure, come fanno tutti i suoi compaesani, per restituire finalmente al legno la sua vera voce: una rivoluzione in un primo momento capita da pochi.

Ma chi è in grado di sentire la voce del legno? Chi ha la sensibilità necessaria per farsene interprete, tradurla in figure, in segni, in monumenti, sempre rispettando l'origine, ma anche l'originalità delle vicende narrate?

Ho anche notato che ogni figura, ogni monumento, ogni Totem porta una specie di firma, un piccolo intarsio stilizzato che riproduce il disegno ornamentale greco, per me un primo segno di cultura o meglio, l'incontro dell'uomo e quindi dell'arte più raffinata (mi riferisco all'arte greca) con l'espressività primitiva del legno nella sua forma originaria: la dicotomia natura-arte. Questo disegno geometrico però non è mai dominante; la natura sovrasta in tutta la sua grandezza, mentre l'uomo, cioè la cosiddetta civiltà umana e con essa l'arte, occupa uno spazio limitato: soltanto una piccola testimonianza del suo esserci. Un simbolo per me assai chiaro del posto che dovrebbe occupare l'essere umano nel contesto universale.

Oltre ai Totem e Menhir, in questo favoloso Atelier ho visto una quantità di grandi oggetti che lui definisce *Troni,* sempre in legno scuro, rozzo ma a volte finemente decorato, sempre imponenti, grandiosi. Ho riflettuto a lungo sul significato di questi oggetti per modo di dire storici: cosa simboleggia un trono, una sedia con un lungo schienale? Chi, in altri tempi, sedeva su questo trono? Certamente un re, un faraone; in ogni caso un uomo potente, non certo una donna. Col trono nasce praticamente il patriarcato, il dominio di un solo uomo sulla tribù e soprattutto sulla donna: quindi uno dei primi segni di civiltà con un significato profondo; un momento fondamentale, un'autentica rivoluzione per il genere umano. Mi chiedo se Vallazza, quando ha ideato quest'oggetto, fosse consapevole dell'importanza di questo simbolo per una maggiore comprensione della nostra storia umana. Ma la creazione di un artista spesso non ha niente a che fare con una voluta presa di coscienza e nel caso di Vallazza, più che per ogni altro artista, il processo creativo avviene seguendo archetipi che hanno le loro radici in un humus assai profondo e lontano nel tempo: mi sembra che abbia soltanto ascoltato la voce del legno e seguito i suoi suggerimenti.

Un trono. Niente di più emblematico e definitivo per la storia dell'umanità. L'inizio di una egemonia, di qualcosa che potrei definire l'inizio della politica nel senso più ampio della parola. Infatti la nostra società si basa appunto sulla politica, su chi sta su un trono e su chi siede per terra; chi è potente e chi deve sottomettersi.

Sul maschio e sulla femmina.

Tu dirai, torni sempre sullo stesso tema?

Hai ragione, cara Cristina, in realtà è il nostro tema per la vita: il trono ha segnato il nostro destino di donna. Ora bisogna demolirlo, questo trono, e ristabilire un ordine nuovo di parità, senza troni ma soltanto con sedie tutte uguali, forse veri prodotti di fabbrica fatti in serie.

Questo naturalmente in senso simbolico.

Vallazza ha vissuto una lunga vita intrattenendo un dialogo quotidiano con le creature più antiche, più misteriose; sempre in ascolto, vigile, rispettoso, restituendo loro quella dignità, ma anche le voci che secoli di vandalismo umano hanno tentato di mettere a tacere. Una lezione per noi esseri moderni, insensibili alle voci del passato, alla nostra Storia ma soprattutto alla nostra preistoria scritta dalla natura stessa oltre che da altri esseri umani, ignari di questo futuro, di questo presente che sa soltanto distruggere per avidità, ignoranza; irrispettoso verso il Pianeta che più amiamo, del quale abbiamo estremo bisogno se vogliamo continuare a vivere.

Ada

Rosso di Sicilia

Siracusa, novembre 2021

Cara Ada,

ricordo molto bene quell'emozione di quando si scendeva in Italia con l'auto e passata l'Austria, le Alpi italiane sembravano lì ad attenderci con un'altra luce. Ricordo anche come i miei figli, quando dormivano all'altezza del confine, al loro risveglio ponevano sempre la stessa domanda: siamo ancora in Germania o in Italia? Per loro l'Austria era inesistente, come se la discesa da Garmisch a Innsbruck fosse paragonabile ad uno scivolo meraviglioso per entrare in Italia, anche se la paesaggistica e le costruzioni facevano pensare di essere ancora in Baviera. A pensarci bene storicamente è proprio così, se si pensa che il 90% degli austriaci sono di origine bavarese e il 10% arriva dai paesi confinanti con l'Ungheria e la Repubblica Ceca.

Quanti viaggi in macchina verso l'Italia dove eravamo carichi di desideri e di voglia di mare, di pesce da gustare e di coccole di ogni tipo, e poi di nuovo verso la Germania, per ritornare in quell'ordine tedesco che ci aggiustava il tiro per ricominciare. Sono già passati tanti anni, e anche il confine è cambiato. Niente più controlli da decine di anni, niente più nevicate pazzesche sempre sotto lo zero e niente più file interminabili che non sapevi mai quando saresti arrivato a destinazione.

E poi quel passaporto italiano da mostrare insieme a quello di mio marito tedesco che mi faceva sentire ospite privilegiata perché avevo sposato uno di loro, mentre gli emigrati, quelli veri, quelli che per necessità avevano lasciato la loro terra, dovevano fare i conti con quello sguardo di chi ha sempre nutrito diffidenza nei confronti di noi italiani. Non dimenticherò mai quel modo di dire, diventato famoso per chissà quale nazionalità, ma che rende molto bene la nostra diversità:

I tedeschi amano gli italiani ma non li stimano, gli italiani stimano i tedeschi ma non li amano. Questo detto mi accompagna da quando mi sono trasferita in Germania nel 1995 ed è stato spesso molto menzionato perché più di qualsiasi altro spiega la base delle interazioni tra di noi. Trovo che abbia a che fare con l'immagine che abbiamo del mondo, che è completamente diversa. I tedeschi sono cresciuti con il Romanticismo e il desiderio forte di bellezza che ogni estate causa l'invasione tedesca sul Lago di Garda e sulla costa romagnola. Ma da diversi anni oramai si sono spinti in Toscana, in Umbria, nelle Marche e fino al profondo sud. Diciamo che l'intonaco mezzo caduto delle case che abbiamo in Italia, a noi, ci fa sognare i tempi allegorici dei nostri avi, ma ai tedeschi non verrebbe mai in mente di lasciar andare le case così. Non sarebbe mai vicino con l'idea di ordine e manutenzione e non gli farebbe certo ricordare un passato migliore. Ai tedeschi manca il sole, manca la vitamina D, manca la spensierata voglia di vivere, la leggerezza di una giornata passata nel dolce far niente che molti tedeschi definirebbero però ozio, quindi una cosa negativa. E allora ci ammirano per quel saper stare sopra le cose, che non ci facciamo problemi su sciocchezze. Gli siamo simpatici per la flessibilità mentale, per l'essere in grado di cambiare programma al volo se la situazione lo richiede. Un modus operandi che non potrebbe essere mai il loro. I tedeschi hanno bisogno di mille assicurazioni prima di decidere; questo richiede tempo e pazienza e non ci rende certo simpatici nel mondo del business. Noi italiani abbiamo un caffè meraviglioso e il barista simpatico che con una battuta elegante mette il buon umore anche ai morti. A volte basta un profumo per farci innamorare, insomma abbiamo molto da dare e siamo generosi: non è forse impagabile? No, non basta e lo sappiamo, ma noi siamo quelli che siamo, da nord a sud, con i nostri pregi e i nostri difetti, e abbiamo una marcia in più in Italia da non sottovalutare: il clima mite, che ci dà il buon umore e sostiene ogni nostro desiderio, poi ci lascia sognare e appoggiare la speranza proprio in quei tramonti caldi come il sangue.

Mentre tu oggi varchi ancora le Alpi per arrivare alla tua seconda casa nella cittadina più antica del Tirolo con le sue pittoresche viuzze dove si respira ancora quel profumo di antico e ti innamori ancora degli strati della vita di un artista e ti emozioni per l'autunno e i suoi colori che a settembre e ottobre già si mostrano forti e decisi nei boschi, qua ti ricordo che ritardiamo la sfilata cromatica di un mesetto e mezzo circa. Eh sì, come forse ricorderai, l'autunno siciliano non è fatto tanto di alberi rossi e foglie gialle, a parte nel contorno dell'Etna e i paesi delle Madonie, ma soprattutto è l'immagine dei tramonti che godiamo dal mare che si mescolano nelle varie tonalità a quelli dell'entroterra dove il sole si appoggia sulle colline, che sono verdi tutto l'anno.

Il tramonto, Sonnenuntergang in tedesco, con l'*untergang* il sole sembra cadere sulla terra invece che appoggiarsi con poesia; da noi è un po' come il tuo tirolese: rosso, arancione, giallo, rosa, e addirittura lilla, e contiene tutte le tonalità che vanno dal fuoco, cioè dall'eros fino al risveglio dell'anima. Si, perché il rosso e il blu, i colori che in Sicilia rappresentano l'incontro tra il magma e il mare, quando si mescolano creano il lilla. E il lilla, nell'esoterismo, viene considerato il momento di congiunzionc tra il corpo e la mente, cioè il momento di seduzione più raffinato dove trionfa l'amore. Ma anche in mitologia si dice che il dio Efesto tenta di sedurre Afrodite servendosi di una corona di lillà. E poi c'è il fiore di lillà che appare anche nel celebre 'Sogno di una notte di mezza estate' di Shakespeare.

Insomma, ce ne sarebbero di cose da raccontare che ci legano ai colori, ma ritorniamo all'autunno siciliano che mi intriga molto perché questo è il momento dove si aprono le porte alla raccolta della frutta di stagione che rispecchia i colori del magma dell'Etna.

Non saprei da dove iniziare perché non sono pochi i frutti in questo periodo, ma inizio dal mio preferito, il melograno; poi ci sono i cachi, i fichi d'india, i corbezzoli che sono selvatici e mi ricordano la mia infanzia della macchia mediterranea della maremma e poi c'è l'uva, le castagne e le olive, che da queste parti sono di dimensioni decisamente più grandi rispetto a quelle che raccoglievo io con la mia mamma in Toscana. Il melograno però ha da sempre, fin da quando ero piccola, una forza magnetica su di me, un po' per quella sua forma così materna dove sembra conservare e proteggere i chicchi e poi per il suo contenuto che quando lo apri viene voglia di staccarne chicco per chicco per condividerlo con altri. Proprio come farebbe un bambino seduto sullo scalino di casa che, circondato di amichetti, donerebbe ad ognuno un chicco di melograno come legame di sangue. È uno di quei frutti per il quale poi nel tempo ho nutrito una certa attrazione anche artistica. Credo che non esista nella storia dell'arte un artista che non sia rimasto affascinato e abbia dipinto almeno una volta una natura morta con una melagrana spaccata in due parti. Eh si, perché la bellezza non è nel tagliarla ma nel spaccarla come a volte lo fa lei, in maniera naturale, già nell'albero che di primo impatto sembra una ferita che ti permette di entrare.

Qua nella zona orientale della Sicilia ho notato che ci sono molte coltivazioni di melograni, a dire il vero non ne avevo mai viste così tante nella mia vita e ho scoperto che la pianta riesce a resistere anche per più di 200 anni. Allora vista la mia solita giovane curiosità ho fatto delle ricerche e ho scoperto che la pianta del melograno ha diversi significati simbolici che mi hanno aiutato a capire o forse a collegarmi spiritualmente ad altro della Sicilia. L'abbondanza e la vitalità che i suoi rossi emanano e danno splendore alla vita, mi hanno permesso di entrare nel significato più profondo legato alla vita, alla morte e alla fertilità. Da qui posso capire la mia attrazione. Ma ti racconto qualcosa di più, per comprendere meglio, insieme, il simbolo del melograno attraverso due leggende arcaiche, dove spesso la vita e la morte sono accompagnate dal tema del sacrificio e il melograno collega i due mondi proprio attraverso il sacrificio. Il melograno sembra rappresentare in questo caso gli opposti per eccellenza. Il nuovo che prende il posto del vecchio. Il mantenimento degli equilibri del Cosmo.

La prima leggenda è fermamente legata alla vita. Dionisio era ancora un bambino quando Era, gelosa delle storie extraconiugali di suo marito Zeus, decise di far rapire il dio dei Titani. Dionisio venne messo a bollire in un paiolo e quando il suo sangue fecondò, dalla terra spuntò l'albero del melograno. Dunque, un sacrifico non volontario, dove dalla morte di Dionisio prende vita un albero, quello del melograno e spunta fuori la simbologia principale del frutto, la fertilità. Il sangue di Dionisio feconda la terra, la quale donerà il frutto della vita e della morte. Come avrai capito la leggenda che vede protagonista Dionisio è prettamente patriarcale. Non è la donna a rendere feconda la terra con il proprio sangue mestruale, ma il dio/uomo virile. Dunque, vita, sacrificio, morte e rinascita.

Un'altra leggenda che mi ha colpito molto è invece quella di Persefone, legata invece alla consapevolezza.

Nella mitologia, la Dea, viene rapita e condotta negli inferi da Ade che voleva sposarla; invece, fu proprio lui ad ingannarla e a costringerla a mangiare un seme di Melagrana. Così di impatto sembra un gesto privo di conseguenze, fu invece la ragione di una punizione per Persefone. Infatti, nel Regno degli Inferi era proibito proprio l'atto di mangiare, al punto che l'obbligo era quello di rimanerci per l'eternità. In questo caso, come farebbe qualsiasi mamma, Demetra, madre di Persefone, obbligò il marito a trovare una soluzione. Si accordarono con Ade che Persefone avrebbe trascorso un terzo dell'anno negli inferi con la madre e tra gli immortali.

Che cosa ci vuole insegnare la melagrana? Vuole ricordarci che lo splendore della vita, la sua energia, i suoi insegnamenti, possono essere tali solo perché c'è il suo opposto, la morte. Tutti noi pensiamo nella nostra cultura che la morte sia l'antagonista, considerandola come quella cosa che ci strapperà dalle braccia di chi amiamo; forse, non so, ma spesso ho sentito dire che la vecchiaia porta con sé maggiore consapevolezza. La morte viene vista come il momento del riposo, c'è chi la teme e non riesce ad accettarla e chi semplicemente, consapevole, riesce a godersi meglio la vita. E dunque vita e morte, estremamente diverse, non devono essere per forza nemiche: in fondo il positivo e il negativo si attraggono. Uomo e donna, luce e buio. Potrei continuare all'infinito, perché sappiamo che ogni cosa che esiste nel mondo possiede anche il suo contrario. Quante emozioni che dà la natura se la sai ascoltare, quante risposte ci può dare. Lo dice chiaramente anche il tuo incontro con Adolf Vallazza che meglio di ogni altro, come artista, conferma che quando hai un dialogo speciale con gli alberi, il tuo sguardo ha un altro vissuto, rimane distaccato dall'essere umano e regna nel silenzio. E allora quanto sono belli questi autunni italiani che ci svelano attraverso la luce più vera dell'anno, la vita e il suo continuo. Il melograno ci spiega bene la nascita e quello che si ricompone nella terra, come le foglie che cadono e sono pronte a morire.

Qualche settimana fa ho visto una mostra fotografica a Ragusa Ibla, che parlava di *morte in Sicilia*. Avevo già visitato il catalogo ma ero curiosa di vivermi tutta l'atmosfera della mostra. La mostra si trovava all'interno di una chiesa, davanti ad una piazzetta dove regnava un silenzio meraviglioso che sfoggiava ovunque il suo barocco. Foto in bianco e nero che parlavano di tempi appena passati e di come era vissuto il lutto in Sicilia. Non c'è stata una foto in particolare che mi abbia colpita, ma è tutto il racconto che si disegnava da sé, mentre passavo foto per foto e mi ha trascinato fino all'ultima immagine, per comprendere in profondità il significato del lutto, della memoria, della tradizione che nel tempo è cambiata. Ad esempio, la stanza della veglia che veniva svolta a casa, in una cucina, dove venivano coperti i pensili con lenzuola. Oppure le condoglianze nel rito della 'mano al morto'. Il funerale di un defunto benestante condotto al cimitero su una carrozza trainata da cavalli e con l'accompagnamento di una banda musicale, al contrario durante l'alluvione nel 2009 per transitare con un defunto verso il cimitero usavano l'Ape, in dialetto (*a lapa*). E poi la foto di un'altra casa dove al giorno della veglia la famiglia si riunisce a tavola per '*u consulu*', cioè per il pranzo tradizionale a base di pasta in brodo e carne. Ho respirato da quelle immagini l'attaccamento alla vita e la continuità che si crea in ogni gesto verso il defunto. Al contrario, oggi, le camere mortuarie sono fredde più della morte stessa. Perché un fotografo siciliano che vive al nord da molti anni, torna spesso in Sicilia per fotografare immagini che danno un senso e una identità a quell'essere siciliani? Credo che sia l'amore. Un amore talmente grande che sfocia nell'esigenza di ricordare, perché chiunque arriva anche per la prima volta su questa isola, nasce sempre la solita domanda: come è possibile che la bellezza del paesaggio architettonico e paesaggistico sia lasciato a sé stesso? Come è possibile che con tutto quello che ci sarebbe da fare, i giovani sono costretti ad espatriare per realizzarsi? La mostra non mi ha mostrato solo un particolare della vita siciliana che non c'è più, ma mi ha fatto respirare il lutto del presente, che è ovunque e non c'è consapevolezza della ricchezza culturale che abbiamo.

Se l'arte è l'espressività più vicina alla morte, forse anche la vita eterna attraverso l'immagine non potrà più perdersi. Auguriamocelo!

Maria Cristina

Sicilia fra passato e futuro

München, dicembre 2021

Mia Cara,

ho finito proprio in questo momento di leggere la tua ultima lettera e mi ha colpito soprattutto l'ultima frase „se l'arte è l'espressività più vicina alla morte..." e ho fatto un salto! Scusami, ma associare la morte all'arte. NO. Mi rifiuto assolutamente. Subito però un pensiero sconvolge questa prima reazione: la morte è eterna e anche l'arte lo è, nei limiti della nostra immaginazione, ma dato che è un prodotto umano si tratta di una eternità assai limitata nel tempo, se si paragona alla natura che non ha tempo. Con tutto ciò non riesco ad associare i due termini: Arte-Morte. Per me l'Arte è il segno più alto della vita, anzi l'espressione della vita per eccellenza o ancora meglio: la sublimazione della vita. L'essere umano riesce a superare la morte e raggiungere l'eternità soltanto attraverso l'arte.

L'unico punto di incontro fra Arte e Morte è appunto il senso di eternità che sovrasta la nostra visione della morte: ben poca cosa allora la nostra piccola arte, piccola se confrontata con l'immensità dell'universo e con la finitezza della nostra vita.

E qui devo tornare alle mie origini: da siciliana, con radici profondamente siciliane, cioè assai antiche e voglio subito aggiungere primitive, conosco il senso della morte nella mia isola: qui la morte ha ancora un significato antico, molto più profondo che nel resto del Continente. Perché? La vita, in Sicilia, e mi riferisco alla Sicilia della mia infanzia, era grigia, anzi nera. Voglio subito sottolineare che mi riferisco agli anni bui della guerra e dell'immediato dopoguerra. Lo sai che la maggior parte delle donne era vestita di nero o come minimo di colori scuri? E si portava il lutto per anni, era prescritto: c'era sempre qualcuno che moriva, nella famiglia, e allora era necessario vestirsi di nero. Ho visto tanto nero, durante tutta la mia infanzia vissuta in Sicilia: mia madre, mia nonna, le zie, tutte le donne che venivano in casa. Il senso opprimente della morte dominava su tutto. La vita, le vicende della vita avevano sempre molto a che fare col destino, in ogni caso con la mala sorte, quindi insicurezza, provvisorietà e sempre incombente l'idea della morte: ora sento dentro di me una protesta, un rifiuto contro questa presenza continua, impellente. Alla domanda come stai, in Sicilia si rispondeva: „sotto il cielo siamo", cioè noi miserabili esseri umani non possiamo disporre del nostro futuro, della nostra vita, perché ogni momento può arrivare dall'alto una bomba e distruggerci. Il pensiero della morte era sempre presente ed è anche comprensibile, dato il momento.

Capisco il senso della mostra che hai visto recentemente.

Non mi piace l'idea della morte. Credo che non piaccia a nessuno da sempre, da qui l'invenzione di un'eternità altrove, in cielo, da qualche parte, chissà dove: hai mai pensato che l'origine della religione, anzi di tutte le religioni è stata la paura della morte? La paura del definitivo, del non ritorno. Dell'ignoto.

Ecco perché associare l'arte che è vita palpitante, speranza, emozione, desiderio di eternità, alla morte è per me inaccettabile.

Ma forse hanno qualcosa in comune...

Una ventina di anni fa, come certo ti ho raccontato, sono tornata in Sicilia, dopo un'assenza di oltre 50 anni. Mi sono ritrovata in un paese del retroterra, del quale non ricordo il nome, e fui colpita da una scena che rimase scolpita nella mia memoria. Stavo facendo delle ricerche per un racconto, *Il viaggio di Rosalia Schirò*, sulla strage di Portella della Ginestra, del '47. Sicuramente ne sai qualcosa, benché tu sia troppo giovane per conoscere le storie di cronaca nera del dopoguerra, cronaca nera unita alla politica, come spesso accade in Italia e ancor più in Sicilia. Un racconto che mi ha dato molte soddisfazioni oltre a un premio in denaro non disprezzabile.

Tornando alla mia esperienza nella provincia siciliana non potrò dimenticare una piazzetta dove erano riuniti una quantità di uomini, tutti vestiti di scuro, con la classica coppola in testa e quell'ineffabile espressione di superiorità che conosco tanto bene negli uomini siciliani. Era il tardo pomeriggio di un qualsiasi giorno della settimana: erano lì, credo come ogni giorno, a scambiarsi opinioni molto 'serie', forse di politica o altro, ad ogni modo roba da uomini... in attesa di tornare a casa dove certo li aspettava la cena. Solo uomini, perché le donne 'giustamente' se ne stavano a casa. Io non potevo credere ai miei occhi: lì il tempo si era fermato.

Puoi immaginare il mio senso di impotenza, di disgusto, di sorpresa? Mi guardavano con negli occhi chiaramente scritto: ecco la solita donna perditempo, la turista!

Tu lamenti il fatalismo, l'immobilità dei siciliani, anche dei giovani che sono costretti ad andare altrove per crearsi un futuro: all'inizio degli anni cinquanta, quando anche la mia famiglia si spostò definitivamente a Roma, una quantità di ragazzi, studenti universitari amici di mio fratello, prese la stessa strada. Dei suoi amici, dei suoi compagni di scuola non restò nessuno a Catania. Tutti sono rimasti a Roma, Milano, Torino e non so dove, nessuno è mai più tornato. Perché? Perché l'isola era una sorta di tomba del passato, dove dominavano sempre i vecchi principi enunciati da Tomasi di Lampedusa. Un principio che non accetto.

Il tempo passa altrove, spero anche in Sicilia, e capisco il fotografo che ha visto solo scene in bianco e nero di funerali, di morti, in ogni caso non di vita: se torna non è, come dici tu, per amore, ma perché la speranza è dura a morire. Sì, torna perché continua a sperare. Credo infatti che ogni volta che torna spera di trovare altro, di essere stregato dal sole e dal mare, dal paesaggio così familiare... ma la terra arida, incolta non invita a restare; quelle pietre nere di lava e le piante che crescono nonostante tutto, nonostante il sole cocente, l'incuria e la siccità; le case dai muri sbrecciati, quel senso di inutilità di tutte le cose, tutto un mondo che vede solo lui, il siciliano, non il turista, non concedono nessuna speranza. Allora torna al nord.

E non sa di essere sconsolato.

È qualcosa di assai profondo che conosce solo un siciliano. Il siciliano torna nella casa della sua infanzia, speranzoso, pieno di ricordi di affetti infantili: una madre sempre presente, in qualche modo stanca, di poche parole; una serie di parenti, di amici... ma il ricordo ha sbiadito i lati negativi, le ferite ricevute, del tutto gratuite, dettate solo da una sorta di invidia per quella vita giovane, piena di prospettive, di speranze; vita che loro, i parenti, gli amici hanno sprecato appunto perché non hanno avuto il coraggio di andar via, di scoprire il mondo, altri modi di vivere, altre culture: sia chiaro, ti sto parlando di me, di persone che mi sono state vicine, di siciliani che sono tornati e sono stati accolti da quel passato arido, triste, immobile, e sono tornati via.

Tu lo sai, la Germania è piena di siciliani, tutti scontenti di essere qui (con qualche eccezione), che sognano il paesello natio come una specie di Eden. Ma nonostante tutto restano qui. Perché appunto quel paradiso perduto esiste soltanto nel ricordo e non nella realtà. Allora meglio dannare i tedeschi per il loro perfezionismo, ma restare qui dove le case sono restaurate, le strade pulite, i giardini curati e se hai bisogno di una cura medica non devi aspettare mesi, ma forse soltanto qualche giorno.

È molto triste tutto questo. Gli italiani avrebbero tante belle qualità, lo hanno dimostrato nei secoli passati: io non potrei mai immaginare un'Europa senza l'Italia, senza la grande cultura, l'arte, la fantasia, la genialità di questo strano popolo italiano che non riesce a mettere ordine nelle loro città, nei paesi, in campagna; che trascura i grandi tesori sparsi in ogni angolo di questo meraviglioso Paese, unico al mondo.

E qui sono costretta a fare qualche riflessione soprattutto sulla Sicilia: qual è l'origine di questa passività, del fatalismo; perché è impossibile cambiare qualcosa e camminare al passo col tempo come accade fuori dell'isola? Perché i siciliani lontani dalla loro terra riescono a svegliarsi, diventano creativi, si inventano perfino una nuova visione della vita, si adeguano alla civiltà dei popoli più progrediti? Ci hai pensato? Scoprono che ci sono altri valori, che la vita offre una quantità di possibilità, possibilità che dipendono in massima parte da loro e non dal destino. Si accorgono che il destino non esiste e che in realtà la vita è nelle loro mani: cosa blocca questi stessi siciliani in patria?

Il **PATRIARCATO**.

Qui profondamente radicato, purtroppo anche nelle donne, il patriarcato di tipo islamico che ha dominato l'isola in un lontano passato, si è prolungato nel tempo attraverso i feudatari, i vecchi padroni di sempre, e non sono riusciti a liberarsi dai ruoli stabiliti una volta per tutte da una società di piccoli monoliti, una società bloccata, dominata da regole millenarie di supremazia maschile. La mafia e tutte le organizzazioni criminali sono naturalmente un prodotto del patriarcato, sia chiaro, tanto è vero che nelle società più evolute, più progredite, nonostante l'imperante patriarcato (purtroppo non esiste una società umana senza patriarcato), il potere nelle mani dei soli uomini non ha più la stessa forza, la stessa priorità e assolutezza come in regioni più arretrate: laddove le donne hanno preso coscienza del proprio ruolo civilizzatrice, progressivo, proiettato in un futuro senza guerre, senza lotte per mantenere un potere di tipo maschilista, come nel passato, si respira altra aria.

La Sicilia, circondata dal mare, isolata dal resto della Storia, è rimasta troppo a lungo ancorata al suo passato patriarcale-feudale, alla mentalità del padre-padrone che rappresentava l'autorità assoluta, indiscussa, del tutto negativa al progresso, all'evoluzione di tutto il resto dell'umanità.

Ancora adesso? Lo domando a te, venuta da lontano, che vede con altri occhi: negli ultimi 70 anni, cioè da quando sono andata via definitivamente dalla Sicilia, cosa è cambiato?

E le donne, a loro volta educate con questo sistema e cioè all'ignoranza e alla sottomissione, hanno capito che il divenire sociale e culturale di un popolo deve essere suddiviso in piena parità fra uomini e donne? Secondo me le donne non devono restare in casa a preparare la cena, accudire ai bambini e ai malati, pulire casa in piena dipendenza economica, come ai miei tempi: basta con l'accettazione supina dell'autorità del padre e della Chiesa; basta con l'accettazione del ruolo imposto dal 'si è sempre fatto così' voluto da una parte della società.

I Paesi dove le donne si occupano anche della cosa pubblica, cioè della politica ma anche dell'economia non soltanto come operaie e contadine, come accade ancora nei paesi sottosviluppati, ma siedono anche nei posti di comando (e qui voglio citare i Paesi dove le donne insieme agli uomini sono al potere, come nel Nord Europa, dove il patriarcato ha dovuto cedere il posto alla civiltà e quindi all'altra parte della società umana) ne hanno avuto grandi vantaggi tutti, uomini e donne.

Non possiamo dimenticare che ancora all'inizio del XX secolo in Sicilia l'analfabetismo raggiungeva le punte massime del 90%, cioè tutte le donne, senza alcuna eccezione di classe sociale, non sapevano leggere e scrivere per volontà del Governo. So che Maria Teresa d'Austria impose l'istruzione obbligatoria anche per le bambine perfino nei paesi di montagna e questo già nel XVIII secolo, quando si cominciava a sentire il bisogno di una maggiore istruzione per tutti/e.

Naturalmente in Sicilia le donne hanno dovuto aspettare un bel po' prima che le sia stata data la possibilità di frequentare una scuola pubblica e non religiosa, importante più di quanto non si creda, perché si sono liberate da una quantità di pregiudizi e restrizioni, tipici dell'istruzione impartita nei collegi di suore. Ne so qualcosa.

Io sono della ferma opinione che nel Sud si può cambiare tanto, ma l'iniziativa deve venire dalle donne. Sono loro, solo loro quelle che possono abolire il patriarcato del padre-padrone e instaurare una società paritaria... un'utopia? Spero di no, le potenzialità ci sono.

Infatti, nonostante le tante resistenze della vecchia generazione, mi sembra di sentire un vento di rinascita: le donne siciliane, come sempre in prima fila, si sono messe in cammino verso un nuovo futuro.

In ogni caso si tratta di una strada molto accidentata.

Mia cara, tutta la tua ultima lettera trabocca di poesia, di bellezza e di speranza che tu chiami amore. Ho scoperto che più gli anni passano e nel mio caso ne sono passati tanti, più l'idea dell'amore e della bellezza sbiadisce per dare posto appunto a qualcosa di più importante: la speranza in un mondo migliore. Stranamente ho bisogno più di speranza che di amore... tu mi dirai: non c'è speranza senza amore. E hai ragione.

Oggi nevica. Ha nevicato tutta la notte e il mio giardino è bianco. I rami degli alberi si piegano sotto il peso della neve e gli scoiattoli (ne abbiamo tanti) vengono sul balcone dove mio marito ha costruito una specie di mangiatoia pensile piena sempre di buoni semi. Ne compra sacchi e sacchi, per i suoi amati ospiti. Lo so, la neve ha qualcosa di romantico, di fiabesco ma dopo una prima impressione in cui riemergono immagini infantili, assai lontane, penso che oggi non potrò uscire. Bisognerà liberare l'ingresso davanti alla porta di casa... tu forse ricorderai che qui per legge bisogna tenere la strada prospiciente la casa pulita, se non si vogliono avere difficoltà col Comune. In ogni caso mi aspettano attività nient'affatto poetiche.

Peccato che la realtà abbia sempre il potere di togliere il velo rosa della poesia a tutte le cose.

E pensare che volevo scriverti ben altra lettera!

Ada

La mancata percezione del mistero

Siracusa, gennaio 2022

Cara Ada,

oggi è il 18 gennaio e dovrebbe essere un giorno d'inverno, forse anche grigio e umido; invece, con 15 gradi di giorno, la primavera spinge con tutta la forza che ha. Lo dicono gli uccelli che cantano già alle sei del mattino e poi lo dicono le piante grasse, l'ibisco e le rose che fioriscono con dei fucsia e dei rosa che solo la luce di questo periodo riesce a fotografarli nella loro estrema bellezza. Da questa immagine che profuma della tua terra, e che io cerco quasi ogni volta di farti sentire, perché ho la sensazione che nelle tue sporadiche visite in Sicilia tu non ti sia mai soffermata abbastanza, ci sono io, qua seduta in giardino che ascolto il mare, e guardo l'azzurro del cielo dove normalmente appoggio i miei ricordi e le mie idee, e invece oggi rifletto sulle parole della tua ultima lettera che mi hanno fatto sentire in una carreggiata piena di buche dove quel poco asfalto che è rimasto consumato dal tempo più ci si passa sopra e più si avverte il suo deteriorarsi. Un sentire e un passato così pessimista che nessun giovane dovrebbe prendere troppo sul serio, per non dover dare sempre spiegazioni di quello che non sa e non ha vissuto sulla sua pelle.

Voglio partire da qualcosa di tuo: „*Non mi piace l'idea della morte. Credo che non piaccia a nessuno da sempre, da qui l'invenzione di un'eternità altrove...*"

Capisco il senso della mostra che hai visto recentemente.

È cambiato qualcosa nel corso di questi ultimi cinquant'anni?

Che peccato che l'immagine della morte sia per te questo, quel nero addosso alle donne di cui sei stata circondata insieme ai volti grigi quasi rassegnati. E ancora di più per una donna come te, ricca di cultura, tra l'altro, piena di talenti, perché non solo tu scrivi divinamente ma dipingi e sei un insegnante di canto lirico, costretta a lasciare una terra così formidabile, ricca di energie e di risorse, senza tornare abbastanza, almeno ad ogni cambio di stagione, con la voglia di curiosare non solo per ricredersi ma per vedere l'evoluzione che c'è stata, proprio tra le donne. Certo qua, i passi sono lenti per ogni cosa e i tempi sono infiniti per quelli che necessitano invece di essere sollecitati, ma è un po' come la morte, si vive pensando a quel senso di 'eternità'. A parte la mia battuta, tu sai benissimo che ci sono molte belle personalità in Sicilia che sono rimaste e ce l'hanno fatta, a volte, facendo del compromesso il miglior alleato; a volte facendo del coraggio la migliore arma per sconfiggere anche le più grandi delusioni. Le donne da queste parti si sono molto evolute; infatti le trovi impegnate in ruoli che una volta erano più che altro maschili. Basta entrare nelle scuole e la maggior parte delle insegnanti sono donne; basta entrare negli uffici e la maggior parte delle impiegate sono donne e anche medici, avvocati, bancari e commercialisti, artigiani, dove si trovano veramente molte donne in gamba.

Diciamo che nel tempo hanno acquisito anche potere decisionale all'interno della famiglia, anche se la mia sensazione è che l'hanno sempre avuto.

A volte, mi rendo conto che ti scrivo come se fossi una siciliana che è rimasta, come se in qualche maniera volessi difendere questo fazzoletto di terra in mezzo al mare che neanche le tempeste più impetuose hanno spazzato via. Poi invece, cerco solo di capire il tuo passato ma non ci riesco, e mi rendo conto che è così lontano dal mio e dal mio bellissimo presente siciliano dove accetto ogni trasformazione che avviene giorno per giorno davanti ai miei occhi.

Quando dici: *io non potrei mai immaginare un'Europa senza l'Italia, senza la grande cultura, l'arte, la fantasia, la genialità di questo strano popolo italiano che non riesce a mettere ordine nelle loro città...cosa blocca questi stessi siciliani in patria?*

Non credo di avere una risposta assoluta del perché i siciliani siano 'bloccati' come dici tu, io credo che ci siano molte cose in ballo che possono trattenere le persone da un'evoluzione, ma il primo che mi salta in mente da quando sono tornata a vivere in Italia e pensando in generale all'Italia, è il senso civico. Quando cammini per le strade in Italia ti accorgi di quanto sia lontana l'idea che facciamo parte di una comunità, cioè che siamo in relazione con altri esseri umani e che sentire il senso di responsabilità dipende esclusivamente da noi e da nessun altro. Per me, come per te che abbiamo avuto la fortuna di conoscere un paese come la Germania che sul senso civico ha lavorato durissimo e ha portato i suoi frutti, è difficile concepire un'Italia ferma su questo tema e tanto più una Sicilia dove il senso di appartenenza, che è molto forte, non è in relazione con il bene comune, ma con il farsi gli affari propri a casa propria. Non so se mi sono spiegata. La famiglia qua ha ancora un ruolo molto importante, nel bene e nel male. C'è chi con intelligenza cerca di salvaguardare tutto quello che ha con le unghie e l'orgoglio tipico dei siciliani, chi invece scappa perché spesso la famiglia ingabbia e non dà possibilità di crescita. Diciamo che l'unico spiraglio che intravedo da qualche anno è il ritorno di molti giovani che hanno fatto esperienze all'estero e tornano per mettersi in gioco, lavorativamente parlando. E allora la definizione che in questo caso include, a parer mio, il significato più elevato di senso civico, è la fiducia. La fiducia che dovremmo porre in questi giovani ed essere più uniti affinché non si sentano mai soli, appoggiandoli creando quel senso di comunità che è tutto da creare. Senza fiducia non si costruisce niente a lungo termine.

Non so se ti ho raccontato di quelle tre storie al femminile che mi hanno molto colpita quando sono arrivata in Sicilia.

La prima è la storia di una ragazza che dopo la laurea in economia a Milano viene subito assunta da una grossa azienda e di tornare al sud non ne voleva proprio sapere. Poi, dopo qualche anno, da una mezza promessa fatta al padre quando partì per Milano all'età di vent'anni, decide di lasciare l'azienda con uno stipendio dignitoso per tornare in Sicilia e rischiare, seguendo un progetto del padre, che già aveva una sua forma, ma andava ampliato.

Poi la storia di due ragazze che dopo aver studiato fuori tornano a Catania e creano un'azienda dove con le bucce delle arance creano tessuti pregiati per grandi stilisti. Non sono geniali? Poi c'è la storia di Arianna che produce vino ed è uno dei più rinomati a livello europeo.

Nel frattempo, negli anni ne ho conosciute altre e non ti dico che belle storie di sacrifici e affetto per la loro terra che le accompagnano.

Tu parli di ordine in un paese come l'Italia, ma sarebbe come toglierle la genialità di cui parlavi. Un contro senso per me. È come immaginare che le cose belle arrivano dall'ordine e dalla disciplina. Invece sono gli eretici e gli intellettuali eccentrici e anche gli artisti invisibili alla società che ci hanno insegnato a nutrirci di profondità e di bellezza dando qualità al tempo, più che quantità e provando l'autenticità delle emozioni con un affetto intenso verso i rapporti umani. Come diceva Pasolini? Bisogna avere caos dentro di sé per poter danzare.

In fondo non sei anche tu un po' così, a parte quella disciplina che ti perseguita?

Credo che nessun siciliano rimasto nella sua terra abbia veramente paura di morire, perché la morte qua è legata alla continuità della vita, a quelli che con l'affetto ti tengono in vita attraverso il ricordo. Credo che il melograno ce l'abbia spiegato bene, e poi la presenza della morte nell'arte è stata sempre incombente. E non solo perché dalla civiltà egizia a quella etrusca a quella cristiana l'arte religiosa ha molto spesso ruotato attorno al tema della morte, ma anche perché l'opera artistica spesso è lo sforzo dell'artista per continuare a vivere dopo la morte. Il filosofo austriaco Otto Rank ha sempre sostenuto che la principale motivazione dell'artista nella sua creatività sta nella «spinta all'immortalità». Per rimanere invece in terra di Sicilia, il grande artista Franco Battiato, tuo compaesano dell'Etna, che ci ha lasciato l'anno scorso, ha sempre detto: che siamo impermanenti e che la morte è solo una trasformazione, un viaggio nel nuovo, un mistero spirituale di bellezza e che la materia spesso gioca brutti scherzi. Io gli credo, si insomma la penso come lui e mi dico, e se avesse ragione? Forse dovremmo avere soltanto il coraggio ad andare al di là di ciò che ci dà piacere, o no?

Comunque, a San Silvestro abbiamo fatto il bagno al mare ed era bellissimo, la percezione del mistero per chi ha vissuto tanto al nord, qua si fa sempre più sentire e i tedeschi in inverno in Sicilia l'hanno capito.

Maria Cristina

Compleanno e altro

München, gennaio 2022

Mia cara,

la settimana scorsa Anne, la mia deliziosa nipotina, sette anni, occhi azzurri, riccioli biondi di provenienza chiaramente normanna (ne ho scritto nel mio raccontino per bambini 'Gli occhi di Viki' ricordi?) mi ha annunciato con molta sussiego che presto avrò compleanno. Subito ha aggiunto: «lo so che ti arrabbi, me lo ha detto papà... non ti piace avere compleanno e io so perché... ogni volta diminuisce il tempo che hai davanti a te!»

Subito Lilly, la sorella di nove anni, saltò su: «c'è un rimedio. Basta diminuire il numero di anni e il gioco è fatto.»

Anne, nient'affatto convinta: «non si può contare a ritroso... perché poi non si sa più dove si arriva» e ha fatto una sorta di punteggio fino ad arrivare all'anno zero, cioè al momento della nascita. Lilly ha alzato le spalle, per lei il problema si concludeva così, ma Anne ha continuato a ragionare su come risolvere la situazione. Inutile raccontarti le proposte sempre più fantastiche, proposte che iniziavano con la parola, evidentemente sentita da poco, 'theoretisch', mentre Lilly contrapponeva 'praktisch'. Puoi immaginare il dialogo di queste due bambine? Intanto che gustavano una fetta di torta di riso preparata da mio marito per loro, annaffiata abbondantemente da una quantità di sciroppo di lamponi, per loro più importante della torta stessa.

Io ascoltavo e riflettevo: certo, più i miei anni aumentano meno posso godere della presenza delle mie due bambine, e loro non potranno avere la nonna ancora per molti anni. Evidentemente cominciano a pensarci, o forse ne hanno parlato col padre ed è stato lui a pensarci.

Ogni compleanno mi/ci avvicina sempre più alla fine. Chi di noi ci pensa? C'è poi la tradizione di festeggiare, tradizione che io non conosco: nella mia famiglia si festeggiavano gli onomastici (ho saputo che era una tradizione anche in Austria) e dato che il mio nome non ha una santa, per lo meno non se ne conosceva l'esistenza, non sono mai stata festeggiata. Niente di strano se si considerano gli anni in cui ho vissuto: guerra, tedeschi, bombardamenti e poi attentati dei partigiani. Io bambina non capivo mai chi fosse il vero nemico: so che appena vedevo un soldato, e allora non si vedeva altro, cominciavo a tremare. Chi pensava a festeggiare? Dopo la guerra, nella mia famiglia, in seguito alla morte di mio fratello, appunto sotto un bombardamento americano, entrò il lutto, senza contare che mia madre passava da una malattia all'altra, purtroppo fino alla sua fine.

D' altra parte non so se gli altri bambini, nell'Italia di allora, venissero festeggiati come adesso. Forse era soltanto un lusso di pochi ricchi.

Ma a parte queste riflessioni del tutto personali, mi ha colpito il fatto che Anne, nonostante l'età, ha già il senso del tempo, del prima e del dopo; per lei non esiste l'idea di eternità, una fantasia inventata da noi adulti. Questa è la nuova generazione? Lei si pone domande addirittura di carattere filosofico, senza sapere che esiste la filosofia; sa che tutto ha un limite, sia nel bene che nel male, e lei stessa, osservandola, si pone dei limiti, nel senso che mangia tanto finché ha fame, poi smette decisa; al contrario Lilly non sa mai smettere perché le piace mangiare! Lilly non si pone mai limiti in nessuna cosa, sia nel gioco che nelle reazioni di insofferenza, quando qualcosa non funziona. Anne invece è quello che noi adulti definiremmo una bambina ragionevole... tutto questo mi sembra assai strano: hanno gli stessi genitori eppure sono tanto diverse in ogni loro manifestazione. Addirittura anche fisicamente non sembrano affatto appartenere alla stessa famiglia: Lilly, alta già 1.50, forte ma snella, capelli castani, occhi neri. Anne, biondissima, due grosse trecce, occhi azzurri, piccolina, anche lei forte, corpicino elastico, in qualche modo un gattino! Tu hai già capito che io le adoro, ne sono affascinata e grata di averle almeno due pomeriggi alla settimana.

Sono particolarmente felice del fatto che vengono volentieri, che si sentono a casa (vengono da quando sono nate), hanno una grande fiducia, e ogni volta si lamentano se devono andare via. Certo sia io che il nonno ci diamo molto da fare, inventiamo giochi, prepariamo qualche leccornia, Wienerschnitzel e Heiße Liebe, cioè gelato con lamponi caldi a cena; infine le poche ore che trascorrono con noi sono assolutamente dedicate a loro. Ieri sono state di nuovo qui e ho fatto un gioco che le ha appassionate: il gioco delle associazioni. Io dicevo una parola e subito dovevano trovarne una corrispondente. Per darti un'idea: pentola... coperchio, calza... piede, e questo per tutta la durata della merenda! Alla fine Lilly ha chiesto a me di associare due parole: io ho detto camicia e pullover, lei Supermercato e cassa. Subito siamo corse al computer e abbiamo scritto un raccontino basato su queste due parole. Il mio piuttosto surreale, il suo un giallo con polizia e altro.

Stanno attraversando un periodo romantico... tu dirai: COSA!!!! Infatti durante la cena Lilly mi ha chiesto se ho mai ricevuto una lettera d'amore! Subito Anne ha chiesto anche al nonno se mi ha mai scritto lettere d'amore, perché Lilly ne ha già ricevuta una. Poi ha continuato con una trafila di domande che a dir poco ci hanno tolto il fiato: preferisci dare un bacio alla nonna piuttosto che andare in macchina?

Ami più la nonna dell'Austria?[6] E la serie non finiva mai, finché ho messo fine a questa lunga sfilza di 'preferisci' con una frase. «Io non preferisco Anne e neanche Lilly, ma tutti e due insieme.» Questo finalmente le ha calmate.

Che te ne pare? Questi sono i nostri pomeriggi con le bambine di mio figlio.

Ma ora voglio passare alla tua ultima lettera, come sempre affascinante per il mondo che cerchi di trasmettermi, il mondo visto dai tuoi occhi di pittrice, quindi colori, linee, atmosfera, emozioni! Ma soprattutto visto da una donna molto sensibile, ricca di esperienza, nonostante l'età ancora giovane: tu, vivendo all'estero, hai imparato molto, sai apprezzare e godere anche delle piccole-grandi cose che trovi appunto in Sicilia in quantità; ma il tuo pregio maggiore è il senso di tolleranza, che a me manca in gran misura. Non l'ho imparato, nonostante ci viva da oltre 60 anni. Lo sai che sono andata via dall'Italia nel 1961. Sono tollerante solo con i bambini, mai con gli adulti... non chiedermi perché, avrei troppo da dire e non credo sia il caso da farlo.

Mi piace la tua osservazione sulla mancanza di senso civico negli italiani, causa di tutte le incongruenze di questo Paese.

Alcuni anni fa mi trovavo a Bressanone e passando da una strada vedo una donna, chiaramente una turista italiana, che sgridava la bambina ancora piccola, forse due anni, in carrozzina, che a sua volta strillava quanto mai eccitata. La madre le diede finalmente un biscotto per calmarla e buttò la scatola ormai vuota per terra. Io mi avvicinai e l'avvertii che in Sudtirolo si tiene alla pulizia delle strade e... non ho potuto proseguire perché mi ha aggredita minacciandomi di dare a me quello che non aveva dato alla bambina! Cioè mi voleva semplicemente picchiare perché le avevo fat-

[6]Tu sai che mio marito è austriaco

to notare che si comportava in modo incivile. Non posso dimenticarlo.

Ricordo ancora di essere stata qualche giorno a Napoli per un simposio in onore di una scrittrice che io ammiro molto, Anna Maria Ortese, in seguito al centenario dalla sua nascita, nel 2014. La mattina, uscendo dall'albergo, in centro, vedevo la strada cosparsa di rifiuti di ogni genere e una serie di spazzini che si davano da fare. Tornavo dopo pranzo e tutto era pulitissimo. Nel pomeriggio ritrovavo la stessa scena del mattino e così via: vedevo come dal finestrino delle auto volava di tutto e mi meravigliavo... ma di tante altre cose mi meravigliavo.

Si tratta sempre del tanto decantato individualismo di stampo italiano, quello che nel passato ha prodotto grandi artisti, mentre oggi produce solo spazzatura, disordine, imbrogli politici e altro. Inoltre ogni volta che qualcuno critica questi malcostumi, gli italiani si sentono offesi in modo personale, cioè esiste anche uno strano patriottismo che però si manifesta soltanto verbalmente: secondo me amare la propria patria, la propria Terra che è poi di tutti, significa soprattutto rispettarla con i fatti e non con le parole. Lo stesso posso dire dell'amore in generale: amore e rispetto... dei due preferisco in ogni caso il secondo. Ma questo sarebbe un altro discorso che non voglio toccare. Da qui la mia distanza verso tutto ciò che ha a che fare con la parola amore.

Tu hai ragione, è proprio dal caos che nasce l'arte.

Io penso che l'arte sia il grande tentativo di mettere ordine nel caos: noi, con tutte le nostre passioni positive e negative, siamo soltanto pezzi di un enorme puzzle sparsi disordinatamente nel caos primordiale che, nonostante il trascorrere dei secoli, domina ancora l'individuo. L'artista è proprio colui che inconsciamente cerca i vari pezzi per connetterli fra di loro e ricomporre, o meglio, per mettere ordine nel grande quadro di questa umanità, completo in tutti i suoi elementi. Una ricerca antica che si ripete in ogni epoca: niente di più ordinata, pur nella sua complessità, di una composizione di Mozart o di Beethoven, ma anche di un quadro di Michelangelo e, scusa il confronto, di M. C. Escher[7]: secondo me l'espressione più significativa del grande caos del XX secolo[8]; tanti tentativi di mettere ordine, tante domande che cercano una risposta. C'è qualcosa di più affascinante di questa continua ricerca?

Non possiamo dimenticare però l'altra peculiarità propria dell'arte, cioè quella di esprimere in modo sublime il caos umano: pensa a F. Bacon[9] per la pittura o D. Schostakowitsch[10] per la musica.

E qui ci sarebbe tanto da dire.

Hai ragione: l'arte è l'unica risposta alla morte e alle assurdità della vita, la sola che può avvicinarci alla grande fantasia dell'eternità.

Tornando al tuo discorso sull'arte come chiarificatrice del caos umano, quanti artisti però circolano per il mondo interessati ad eliminare questa confusione, a cercare chiarezza, trasparenza?

Questa è la grande domanda.

Io, imperterrita, continuo a essere convinta che in ogni essere umano sonnecchia un potenziale artista: basta osservare i bambini in tutte le loro manifestazioni, sistematicamente soffocate da una società che da secoli non ha riconosciuto l'importanza dei primi anni di vita per il progresso dell'umanità tutta. Solo da neanche un secolo si comincia a guardare con altri occhi all'infanzia, e questo per merito di Maria Montessori e, non ultimo e per traverso, di S. Freud.

---

[7] 1898 – 1972
[8] Mi riferisco alle due guerre mondiali, ma anche al prima e al dopo.
[9] 1910 – 1992
[10] 1906 – 1975

Da qui una umanità che vive nel caos più completo, nel più totale disordine mentale, come dimostra la Storia; un disordine che ha portato guerre, distruzioni, massacri, schiavismo, torture e altre efferatezze che sarebbe stato possibile evitare se soltanto l'essere umano avesse avuto la forza di uscire dal caos, di ricominciare daccapo, cioè dall'inizio, dalla prima infanzia. Quindi ben vengano gli artisti, ben venga la rivoluzione delle donne e dei bambini (vedi Greta e il suo seguito): abbiamo bisogno di una nuova visione della società umana, un nuovo ordine e questo possono proporlo soltanto gli esclusi della Storia: le donne e i bambini! Apriamo finalmente gli occhi, usciamo dalla gabbia mentale limitata alla nostra persona, alla famiglia, al paesello natio. Le restrizioni imposte dalla società patriarcale e di conseguenza dalle religioni che la rappresentano, portano a una chiusura per le vere necessità del resto del mondo, e quindi all'ignoranza, al razzismo (per non parlare dell'antisemitismo) e a tutto ciò che rallenta o meglio impedisce una giusta evoluzione. È necessario un nuovo tipo di progresso per superare i grandi problemi di questa nostra Terra sfruttata, martoriata, ma soprattutto di una grande parte di questa umanità, da secoli ferita da soprusi, ignoranza e sopraffazioni di ogni genere.

UTOPIE?

Mi sembra di vedere il tuo sorriso sorpreso e alquanto divertito: una donna al confine della vita comincia a dare i numeri!

Questo il risultato di un compleanno tondo... si dice così?

Ada

Speriamo che sia una primavera e non solo un merlo

Siracusa, marzo 2022

Cara Ada,

perdona il mio silenzio di questi mesi ma sono stati piuttosto pesanti sotto molti punti di vista e ancora continua a pesare tutto molto. Ho iniziato a scriverti questa lettera almeno cinque volte, ed ogni volta ho ricominciato con il desiderio di scriverti un sacco di cose particolari che mi sono successe; invece, non sono riuscita a mettere insieme niente. Arrivata a metà, non trovavo più un senso a quello che ti avevo scritto. Era come se niente, di quello che avevo da dirti, avesse veramente importanza e bellezza. Si, ecco, proprio bellezza: quella parola astratta della quale non riesco a fare a meno e che mi rendo conto, ha accompagnato ogni riflessione di queste mie lettere. Nemmeno due anni di pandemia mi hanno disarmata così ferocemente ogni pensiero, ogni gesto e ogni sorriso. Adesso ci voleva che succedesse qualcosa di ancora più grande, qualcosa di umanamente assurdo, dove la mente non riesce più a trovare pace. Comunque, in questa ultima lettera non ti parlerò della mia visione della guerra attuale tra Russia e Ucraina, per due motivi: il primo perché quello che mi spaventa e non mi è chiaro, mi fa fare strani discorsi anche senza senso, e il secondo perché, purtroppo, tu con la tua esperienza, sei sempre riuscita a raccontare meglio di me le sofferenze, le difficoltà e l'umiliazione che lascia addosso una guerra, rimanendo strettamente fedele alla tua memoria.

Giorni fa mentre parlavo al telefono con mia madre di quello che ci raccontano i vari telegiornali e radio, le ho sentito fare un sospiro strano che ha ceduto poi spazio ad una lunga pausa di silenzio. Non le era mai successo, e lì per lì, mi sono anche un po' spaventata, conoscendo la sua grande voglia di argomentare sempre sul 'domani'. Poi dopo un po' mi ha chiamata per nome e subito dopo ha fatto di nuovo una pausa di silenzio. Ho avvertito come se mi volesse raccontare qualcosa che non mi ha mai detto, forse un ricordo o una paura. Poco dopo ha trovato una scusa per salutarmi e ha chiuso la telefonata.

Con gli anni mi sono accorta che il passato di mia madre non mi è mai appartenuto abbastanza, o meglio, non c'è un ricordo confidenziale nella mia mente, che lei mi abbia fatto come invece avrei desiderato. Poi se penso che mia madre dava del voi a mia nonna, e che con cinque figli mia nonna non aveva tempo nemmeno di porre attenzione a come ti vestivi o mangiavi, quale apertura avrei potuto pretendere da mia madre? A tavola con i miei nonni si mangiava a testa bassa, un po' per le fatiche e un po' per la fame che gli portava via ogni sorriso. Per capire mia madre in ogni suo pregio e in ogni sua ansia ho provato ad immaginare quei momenti, ma poi mi assaliva sempre una grande tristezza. Nel tempo ho capito che mia madre mi ha tenuto volontariamente lontana dal suo passato, io perciò di conseguenza, non sono mai riuscita a farlo un po' mio, giusto per abbracciarla quando era triste e per comprendere i suoi rari momenti di gioia, dove mi donava tutta se stessa. Ci ho messo una vita per capire che la sua generosità spesso fraintesa da me, le ha impedito di essere completamente sé stessa. È proprio vero quando si dice che l'amore vero è anche un po' la rinuncia di noi stessi per dare all'altro quello che tu stessa non hai avuto nella vita. Le poche immagini che mi ha sempre raccontato di quando lei era bambina, risalgono a quando con il nonno e la nonna dovettero lasciare la Garfagnana per l'arrivo dei tedeschi. Come potevo immaginare che mia madre aveva sentito l'odore e il passo degli stivali dei soldati, in una lingua straniera che oggi è la stessa lingua della famiglia che mi sono costruita? Racconti che mi sembravano stare in una vita lontanissima e invece erano appena passati.

Ricordo che la mia vivacità e la mia libertà sempre verso quello che mi piaceva, era tutto quello che lei non aveva mai avuto. E allora mi guardava un po' con quello sguardo di chi avrebbe voluto avere un'altra infanzia, più spensierata, più ingenua e meno adulta per un'età dove bisognava solo sognare tanto per dare forza ai desideri. Non era certo invidiosa della bambina che ero, anzi era orgogliosa di potermi offrire quella libertà, solo che quando sorrideva il suo sguardo era triste, come se il passato le fosse addosso. Quando vivi una guerra, l'umiliazione di lasciare la propria casa, il luogo dove sei nata, gli amici, il tuo dialetto, ti lasciano una ferita talmente profonda che è più nitida di una radiografia.

Qualche giorno fa, in una di quelle sere dove io e mio figlio, che tra un paio di mesi compie dodici anni, eravamo un po' annoiati, ci siamo messi a 'filosofare' sul significato di bellezza. Gli ho chiesto che ne pensasse, cioè cosa fosse per lui la bellezza. All'inizio mi ha guardata con stupore, e ho notato che nel suo silenzio si è chiesto il perché di quella domanda a quell'ora di sera. A cosa mi potevo riferire, a qualche compagna di scuola di cui mi parla con simpatia? Poi, mi ha osservata attentamente e ci ha pensato bene prima di rispondermi, come se la risposta meritasse almeno una certa attenzione: «mamma che vuoi che ti dica, credo che quando una cosa piace, vuol dire che c'è bellezza.» Ok, mi sono detta, ci sta, ma non basta.

Poi è stato il suo turno: «e cosa è invece per te?»

Ho sorriso, e ho risposto che per me la bellezza è sinonimo di armonia e che poi ci sono tante bellezze. Allora visto che mi piace descrivere per immagini sono andata nella libreria, ho preso una monografia del Botticelli e una di Picasso e poi ho pensato di prendere anche il suo libro di storia dalla sua scrivania. Ci siamo messi comodi sul divano, o meglio, l'ho dovuto obbligare a sedersi con me, facendogli tenere le mani fuori dalle tasche… perché da quando mi aveva fatto la domanda e pensava che avrei risposto brevemente come lui, smaniava di tirare fuori il cellulare per ascoltarsi il risultato di calcio del Bayern.

Così, inizio a sfogliare uno dei libri e lui intanto manda un sospiro di insofferenza, poi mi chiede: «perché dobbiamo vedere questo libro proprio adesso? E poi di un artista? Lo sai che a me l'arte non mi interessa molto, cioè, mamma non è che voglio offenderti, ma mi bastano già i tuoi quadri in casa.»

E così mi scappa un altro sorriso, poi un bacio sulla fronte come quei francobolli che vorrebbero rimanere lì per sempre, lo guardo negli occhi e gli rispondo con un'altra domanda.

«Se tu potessi trasformare qualcosa nella tua scuola, cosa faresti?»

«In che senso mamma?»

«Volevo dire, che cosa stimola la tua curiosità e la tua voglia di studiare?»

«Beh, io voglia di studiare… di approfondire, non ne ho, lo sai. L'unica curiosità che ho sono le femmine, i miei amici che mi fanno ridere e lo sport. Ma la musica? Ah, sì mi piace ma non mi chiedere di approfondirla, mi basta quell'ora di pianoforte a settimana. A proposito, sai che mi piace un'altra compagna di classe adesso?»

«Lo immaginavo, per questo ho preso questi due libri e il tuo di storia. Dai, prendiamo il capitolo dell'antica Grecia che abbiamo fatto qualche settimana fa e mettiamo per un attimo da parte le due monografie.»

«Si, mamma, ma tu volevi parlare di bellezza con Botticelli, che c'entrano adesso i greci?»

«Voglio farti un esempio: sai dove si trova la Grecia?»

«Beh si, non lontano da qui, comunque nel mediterraneo.»

«Sai con chi confina?» «No.»

«Molto male!»

«Mamma la smetti... mi sembri la mestrina di turno.»

«Eh no, quando si inizia a studiare un capitolo importante come quello sulla storia greca, bisogna partire intanto dalla posizione geografica, poi dalla Grecia moderna cioè quella di oggi, per poi tornare indietro e arrivare a quella antica.»

«Vuoi dire che tu faresti uno studio al contrario?»

«Si, primo perché è logico e poi perché partire dal proprio presente, da quello che tu puoi toccare con mano e vedere con i tuoi occhi, è più facile e stimola la curiosità. Secondo poi, perché una data così lontana, cioè parliamo del 480 a. C. rischia di rimanere una data astratta nella tua testa. Sei d'accordo?»

«Si, in effetti non amo imparare le date perché non ho proprio idea del tempo che è alle mie spalle.» «Dunque impari a pappagallo?»

«Beh, imparo a memoria date e nomi altrimenti mi perdo.»

«E cosa ti ricordi a fine anno?» Mi risponde con un sorriso e poi si svela.

«Mi ricordo le tre colonne greche, perché le abbiamo disegnate nell'ora di arte ed è stato divertente vedere l'evoluzione degli stili. Cioè, voglio dire che guardandole sul libro erano tre colonne e basta, ma poi disegnandole mi sono divertito, pensa che poi Dorico, Ionico e Corinzio, sono diventati i soprannomi dei miei tre migliori amici.»

Scoppiamo a ridere.

«Vedi, hai trovato in quell'esercizio lo spunto per fantasticare. Il capitolo della Grecia antica e moderna è un argomento talmente ampio e importante che abbraccia almeno quattro materie: arte, storia, geografia e scienze nello stesso momento. Se queste materie fossero accompagnate da tante foto e video e si intersecassero tra di loro, credimi, sarebbe un gran piacere studiare. Invece ho scoperto che la Grecia la studierete a geografia l'anno prossimo in seconda media!»

«Mamma, che vuoi dire in pratica?»

«Voglio dire che per tirare fuori la bellezza di un argomento, bisogna saper abbracciare tanti altri argomenti nello stesso momento.»

«Allora vuoi dire che se io ti parlo di una ragazza che mi piace, devo farti il resoconto di quello che mi piace di lei?»

«Non lo devi fare a me il resoconto, devi farlo a te stesso, perché nessuna ti piacerà solo perché ha un bel sorriso o un bel colore di occhi, ma ti piacerà per un'infinità di cose che ha e che vedi poi col passare del tempo. Non a caso si dice, che una persona bisogna conoscerla bene prima di dire che ci piace veramente.»

«Senti mamma, allora visto che sarebbe più interessante partire dal presente, io vorrei capire che succede in questo momento tra Russia e Ucraina. Geograficamente ho capito qualcosa, ma il resto come si fa a capire se nessuno ce ne parla? Te lo chiedo perché ovunque nel cellulare vedo immagini della guerra, ma nessuno a scuola prende l'argomento. Come mai?»

«Mi fa piacere che lo dici. In effetti è un po' che te ne voglio parlare, ma non so mai da dove iniziare, perché nessuna guerra esprime bellezza ed io di cose brutte non sono mai riuscita a parlare veramente. Chiedi a tuo padre che è un appassionato di storia, forse lui ci riesce.»

Io credo che la sensibilità umana abbia un limite per immaginare e per capire, poi si ferma e può solo intervenire la ragione.

«Adesso però torniamo a parlare di bellezza, che mi piace tanto e sono sicura che piacerà anche a te.»

«Allora volevi dire di arte, mamma!»

«No, volevo dirti, parliamo di bellezza attraverso l'arte, quella bellezza che spesso è irraggiungibile.» «E se è irraggiungibile a cosa mi serve?»

«Ti servirà a capire la magia di quello che ti circonda.»

«Mamma... ma dai... ti prego! Di quale magia parli, quella del cilindro dove tutto scompare e riappare da un'altra parte?»

«No, tranquillo quella è artificiale, ed è studiata in ogni dettaglio.»

«E allora di quale magia parli, fammi un esempio?»

«Esempio: i due quadri che sono nella tua cameretta che non sono certo lì per essere intonati con la tua scrivania o il tuo comò, ma sono appesi per tenerti compagnia e magari creare in te sensazioni e stimoli, mentre tu neanche te ne accorgi, che cosa ci vedi?»

«Delle figure ci vedo.»

«Spieghiamolo meglio: in quello più grande ci sono due bambini seduti su una spiaggia, con un ombrellone rosso e tanti castelli di sabbia. Hai mai notato la differenza che c'è tra i due bambini? Poi nell'altro quadro ci sono tre bambini semi sdraiati in una distesa, in campagna, che sensazione provi?»

«Beh, il quadro con l'ombrellone rosso mi piace perché c'è il rosso che è uno dei miei colori preferiti, poi mi piace per quella sensazione di sabbia in rilievo che sembra di essere li.»

«Ecco questo è quello che vedi oggi in quel quadro; tra qualche anno vedrai altre cose, perché tu stesso sarai cresciuto e il tuo spirito di osservazione sarà cambiato.»

«Allora questa è una magia?» «Si questa è una magia, cioè l'evoluzione di qualcosa che è dentro di noi e che avviene mentre siamo distratti dalla vita che scorre.»

«Quali altre magie conosci?»

«Ne conosco molte: quella più coinvolgente è stata la tua nascita e quella delle tue sorelle. Poi ci sono quelle che avvengono negli incontri con gli altri. Poi ci sono quelle quando inizio a lavorare nel mio studio, oppure quando ascolto te e le tue sorelle mentre cercate di spiegarmi qualcosa e vi vedo crescere. Poi, quando lavoro parto con un'idea che voglio realizzare e poi esce sempre qualcosa di un po' diverso, cioè qualcosa che io non posso controllare, perché vive nell'intuizione dell'anima e nella percezione dello spazio.»

«Mamma, allora quando gioco una partita di calcio e mi capita di fare un gol pazzesco è l'intuizione o la preparazione che me l'ha permesso?» «Entrambe agiscono e la magia in questo caso risiede nell'energia che si è creata all'interno della squadra.

Riprendiamo però adesso la monografia del Botticelli e dimmi cosa ne pensi della Nascita di Venere?»

«Penso che sia un bel quadro. Mi piace la luce e la Venere così delicata. Sembra che si vergogni di farsi vedere nuda, cerca di coprirsi, poi su quella conchiglia sembra quasi volare.»

«Dai non ridere, dimmi cos'altro ti colpisce del quadro?»

«Ha gli stessi capelli rossi di una ragazzina che viene nella mia scuola.»

«Mi sa che vuoi dire che è tutto molto bello in questa opera. Ogni personaggio, vedi, ha un ruolo; ogni colore, movimento e luce, creano armonia e dunque bellezza. Ti dà gioia questo quadro?»

«Diciamo che quei capelli rossi mi piacciono molto. Volevo dire che a me, una con i capelli così rossi però vestita mi piacerebbe anche oggi.

Ma la monografia di Picasso che cosa c'entra con la bellezza, che mi volevi mostrare?»

«Questa opera si chiama Guernica. Che te ne pare?»

«Beh, trovo che sia precisamente l'opposto della nascita di Venere.»

«Perché è in bianco e nero?»

«No, non solo, ma le figure rappresentate sono in un altro stile e poi sembrano urlare, non so, c'è paura e dolore.»

«Hai visto bene, infatti il soggetto dipinto da Picasso è il bombardamento del 1937 della cittadina di Guernica che si trova in Spagna.»

«Dunque, qualche anno prima che nascessero le mie nonne?»

«Si.»

«E dove sta la bellezza di questo quadro, visto che ti piace tanto parlare di bellezza?»

«Per me la bellezza in questo quadro non sta nel significato, che parla di guerra e morte, perché nella sofferenza non c'è bellezza, ma sta nella capacità che ha avuto Picasso di esprimere con tanta forza il sentimento del dolore, e di avermi portata ad emozionarmi lasciandomi, la prima volta che l'ho visto, senza parole.»

«Senti mamma, io vorrei guardarmi i risultati della partita adesso, posso?»

«Si puoi, e ricordati sempre di cercare la bellezza in quello che fai e in quello che trovi nel tuo cammino.»

«Anche il Bayer ha fatto un bel gol, guarda qua! Senti mamma, mi togli una curiosità? Perché ci siamo trasferiti in Sicilia se non abbiamo parenti o un lavoro che ci ha obbligati a trasferirci?»

«La risposta è semplice: perché mi sono innamorata della bellezza che sta dentro questa isola meravigliosa e ho notato che tu in questi anni hai saputo apprezzarla senza che te ne sei accorto.» «Però mamma a me non piace tanto il mare, qua fa troppo caldo d'estate, io preferisco la montagna.»

«E allora vuol dire che un giorno desidererai talmente tanto andare in montagna che saprai stupirti della sua bellezza.»

«Oh, ma chista storia della bellezza deve finiri mamma!!!»

«No tesoro, il problema è capirsi. Ogni merlo crede di aver messo nel suo fischio un'espressione importante per lui, poi c'è il rischio che solo lui intende, cioè l'altro gli dice qualcosa che non lega con quello che ha espresso l'uccello e allora diventa un dialogo tra sordi, una conversazione senza ne capo e né coda. E i dialoghi umani sappi che spesso sono uguali.

Per me ancora oggi, la ricerca della bellezza è l'unica ragione per cui vale la pena di vivere e per te, ieri quel gol pazzesco è stato la ragione per cui continui a giocare ancora oggi a calcio.»

«Vabbè io vado a letto, mamma e vediamo cosa mi suggerirà quella bella Venere.»

Cara Ada, qualcuno ha detto che i bambini hanno il potere di donarci tre cose importanti: ad essere contenti senza motivo, ad essere sempre occupati con qualche cosa, e soprattutto a pretendere con ogni forza quello che desideriamo. Io a mio figlio non gliel'ho detto, ma oggi, nonostante tutto il grigio che ci attraversa, sento la primavera che sorride ovunque e arriva impetuosa, un po' come te e le tue nipotine nel tuo giardino siciliano: nella mia fantasia, vi vedo guardare il mare e l'Etna e poi mi fermo in un angolo e ti vedo un po' come quegli ibisco che tutto l'anno in Sicilia sono i veri protagonisti di una primavera che non si arrende mai.

Maria Cristina

La Storia e noi

München, aprile 2022

Cara Cristina,

sto leggendo un libro che mi ha spedito Remo Castellini su un tema che in un primo momento mi ha molto sorpresa: si tratta della traduzione dallo sloveno[11] del diario di A. Res (in seguito ne scriverò più ampiamente), completato da un'analisi assai ben documentata del lavoro stesso, più un saggio sull'autore.

Prima di parlarti di questo libro molto interessante, voglio raccontarti come ho conosciuto questo giovane studioso: qualche anno fa mi scrisse di essere stato incaricato dall'Istituto di Studi italiani di proporgli il nome di una scrittrice siciliana per un nuovo libro in preparazione dedicato alle scrittrici siciliane dal Cinquecento ai nostri giorni. Puoi immaginare la mia sorpresa? Non so come, (mi ha detto di avere informatori!) si è imbattuto sul mio nome, lesse qualcosa di mio e mi chiese se poteva incontrarmi per una intervista. Infatti, è venuto qui a Monaco. Devo dirti che è un bel giovane, il che non guasta mai, sulla trentina, molto serio, se non sbaglio toscano, uno dei 'cervelli' in fuga dall'Italia. Credo abbia un contratto come ricercatore all'Università di Vienna dove insegna anche italiano. Io amo i giovani, lo sai, ho sempre avuto contatti con la gioventù attraverso la mia attività e ancora adesso sono sempre felice di insegnare, nonostante tutte le difficoltà dovute alle restrizioni attuali.[12] In breve, il

[11]A. Res, Dall'Isonzo. Diario di impressioni e sentimenti. 1916
[12]Come sai, dovute alla pandemia.

giovanotto mi è subito stato molto simpatico e abbiamo fino a questo momento un bel rapporto di amicizia. So che nel frattempo si è sposato con una viennese, ha un bambino e sta facendo la grande esperienza che ogni uomo dovrebbe fare: essere padre! Un'esperienza molto faticosa, come ho potuto capire da una sua recente telefonata... ma lo sai anche tu, i primi mesi sono faticosi per tutti, vorrei aggiungere anche per i bambini. Che ne sappiamo infatti dei sentimenti che provano e non possono esprimere altrimenti che col pianto?

Per concludere, dopo il nostro incontro ha scritto un bellissimo saggio dal titolo assai pertinente: 'La scrittrice catanese Ada Zapperi Zucker. Dalla cultura mitteleuropea al recupero delle radici siciliane.'

Nel frattempo è trascorso qualche anno e, anche se sporadicamente, il nostro contatto continua sempre con cordialità e da parte mia con affetto. Così mi ha fatto sapere di questo suo nuovo lavoro. Ora sono riuscita a leggerlo e devo dire che è stata una rivelazione: non sapevo dei drammi goriziani e in generale delle regioni limitrofe in tempo di guerra. Si tratta della prima Guerra mondiale con tutte le ripercussioni internazionali che ormai conosciamo. Ignoriamo però le miserie causate dalla guerra: bella la dedica dell'autore A. Res: 'è a voi che mi rivolgo... a voi che vagate senza casa, nei campi di profughi e oltre.'

I 'voi' cui si riferisce l'autore, cioè le donne e i bambini, più qualche vecchio, vengono mai annoverati nei libri di Storia? Ne sappiamo qualcosa, noi italiani, dei soprusi, delle carneficine perpetrate anche dai nostri soldati, conosciuti come 'brava gente', nel momento in cui indossano una divisa militare? E voglio sottolineare uomini in divisa che vanno ad aggredire il vicino di casa senza alcun motivo, solo per eseguire un ordine che viene dall'alto? Lo stesso che sta accadendo adesso in una parte del nostro vecchio Continente: perché la Storia deve ripetere sempre gli stessi errori?

E deve ripetersi per i prossimi mille anni prima che l'essere umano di sesso maschile finalmente riesce a uscire dallo stato di irrazionalità che lo domina dalla notte dei tempi?

Questo libro di poche pagine, in realtà il Diario di guerra scritto da un grande letterato, ma soprattutto da un uomo sensibile, racconta a livello di pelle cosa subisce da secoli quella parte di umanità ignorata dalla Storia, quando uno o più creature di sesso maschile, come nel caso delle due Guerre Mondiali e di tutte le guerre in generale, decidono di sconvolgere l'ordine stabilito per soddisfare smanie espansionistiche, sete di potere o meglio: per dar sfogo alla loro smodata Vanità.

E voglio subito aggiungere: guai alla Vanità maschile, pericolosa soprattutto perché sempre sottovalutata.

Il libro mi ha costretto a rivedere il concetto di Patria, cui io non aderisco: questo piccolo diario mi ha fatto capire cosa si nasconde dietro questa parola tanto bistrattata, soprattutto in questi ultimi anni. Io non mi sono mai identificata con questo sentimento, col famoso amor patrio, nato quando i primi gruppi di cacciatori si stabilirono in un territorio e diventarono coltivatori e proprietari di un pezzetto di terra (da qui ha origine il patriarcato?). Io e te facciamo parte di quell'altro sparuto (sparuto?) gruppo di nomadi che continuano ad andare a caccia... forse per questo motivo, almeno nel mio caso, non riconosco il senso di appartenenza a un territorio ben delimitato, ma piuttosto a un insieme di luoghi e culture che in qualche modo definiscono la società dalla quale provengo. Non so se sei d'accordo: certo, tu sei toscana, io siciliana, ma non siamo legate a queste regioni indissolubilmente (voglio però mettere l'accento su di me). Da qui la ricerca di nuovi spazi, l'apertura del mio e del tuo orizzonte alla conoscenza d'altro; in ogni caso, un altro lontano dal luogo di origine. Adesso puoi capire la mia impossibilità di identificarmi con la parola Patria, cui associo subito padre-patriarca. Leggendo questo libro al contrario ne ho finalmente capito il senso profondo e sono grata al mio giovane amico che, nonostante la mia età, mi abbia insegnato qualcosa di veramente importante per la maggior parte dell'umanità.

D'altra parte, affinché la civiltà prosegua il suo corso sono necessari i due tipi: i nomadi e i coltivatori...

Remo Castellini, non soltanto dal punto di vista letterario, ha fatto un bellissimo lavoro di ricerca su questo autore sloveno, ora purtroppo dimenticato. Con stile ben calibrato e stilisticamente brillante, è riuscito anche a dare un'ampia immagine politico-sociale del tempo. Sconvolgenti i passaggi in cui vengono descritte le battaglie, gli scontri corpo a corpo fra soldati disumanizzati che nell'altro non vedono più un essere umano, ma soltanto un nemico da annientare. L'analisi che conclude il lavoro è scritta da Castellini con grande sensibilità ed empatia. Devo dire che ha saputo toccare le corde giuste per arrivare anche al moderno lettore più o meno disincantato: un libro da leggere ancora adesso, sempre attuale, nonostante la convinzione nata in questi ultimi settant'anni che si tratta di un passato che non ci riguarda più. Ciò che sta accadendo a qualche centinaio di km da noi dimostra tutto il contrario: la violenza è ancora una pianta che affonda le sue radici in una parte del genere umano; che supera il cambio generazionale; che va oltre ogni tentativo di civilizzazione, ogni esperienza, ogni razionalità. Le guerre, è bene non dimenticarlo mai, sono sempre volute e realizzate dagli uomini, mai dalle donne; sono una loro invenzione, il loro modo di comunicare fra di loro. E in questo sporco gioco di potere, non si curano di coinvolgere quell'altra parte di umanità, cioè le donne e i bambini.

Tornando al libro che ho appena finito di leggere, devo dire che mi ha colpito per la professionalità ma anche per la cultura e l'impegno del suo traduttore e curatore: veramente un lavoro assai meritevole e confesso di essere fiera di conoscere questo giovane così promettente al quale si apre una carriera di grande prestigio: se ne vedono le premesse.

Mia cara, scusami se ti ho intrattenuta a lungo su un tema forse di poco interesse per te, ma questo scambio di lettere per me è un incentivo per raccontare a chi è lontano, come nel caso tuo, ciò che mi occupa e mi colpisce nella solitudine della mia casa. Infatti, non soltanto la pandemia mi ha isolata dal resto del mondo: scopro in me un latente bisogno di uscire dalla comunità nella quale ho sempre vissuto e nella quale non riesco più a identificarmi. Non so se sai che ormai da anni non vado più all'Istituto Italiano di Cultura, che non frequento più nessuno degli italiani emigrati qui, che ho praticamente smesso i rapporti anche con gli amici tedeschi (per via della pandemia). Temo di non avere più nessuno con cui comunicare, eccetto mio marito, quindi mi affido alla posta, o meglio alla scrittura: tu sai forse che questo è il mio terzo libro di lettere,[13] per me un importante scambio di pensieri ed esperienze con persone che stimo e con le quali ho avuto un lungo rapporto di amicizia.

Per concludere, sempre a proposito del libro di A. Res, non posso dimenticare un'altra regione limitrofa italiana alla quale sono molto legata: il Sudtirolo. Gorizia non fu mai nel passato una città italiana, ma neanche Bolzano, Merano e tutta la regione fino a Salorno o meglio alla Salurner Klause (gola di Salorno) lo è mai stata. Ha sempre fatto parte del Tirolo, da sempre suddiviso in Tirolo del Nord, Tirolo Orientale (Osttirol) e Sudtirolo, questo fino alla Prima guerra mondiale, quando l'Impero Austro-Ungarico, già dai tempi di Maria Teresa, si estendeva fino a tutto il Trentino. Col Trat-

[13]Due donne del Sud, 2020 e Un pugno di storie, 2021

tato di Saint Germain (1919) il Sudtirolo e il Trentino furono annessi all'Italia, come rimborso promesso dagli inglesi al governo italiano per la sua partecipazione alla guerra, un prezzo assai alto pagato soprattutto dai poveracci del nostro meridione.

Purtroppo, sono fatti stabiliti a tavolino da quattro politici senza tener conto della popolazione, della loro Storia che lascia le sue orme sugli usi, le tradizioni, la mentalità di una regione, e cosa ancor più fondamentale: sulla lingua! Ai sudtirolesi fu proibito di parlare la loro lingua, cioè il tedesco, fino alla Seconda Guerra Mondiale, con ripercussioni anche di carattere psicologico soprattutto per i bambini, costretti a impararne una a scuola, l'italiano, per poi parlarne, in segreto, un'altra... vedi il mio libro di racconti *La scuola delle catacombe*. Ma non voglio tediarti con storie che forse non ti interessano. Io considero ogni annessione di Paesi limitrofi una vera e propria violenza contro l'umanità tutta e sarebbe ora finalmente di smettere con questi atti di sopraffazione politica contro la volontà di un popolo. Dopo cento anni i sudtirolesi sono sempre e solo austriaci e hanno un senso di identità assai radicato nella Storia del loro Paese, si voglia o no, nonostante il loro passaporto italiano. Lo stesso problema, sistematicamente ignorato, si riscontra anche a Gorizia, slovena da sempre. Ma non voglio continuare a trattare questo tema perché so che agli italiani manca una vera coscienza storica, per motivi voluti dall'alto: ancora negli anni Cinquanta, nei miei libri di Storia, a scuola, si arrivava giusto all'Unità d'Italia, ma si conoscevano tutte le dinastie egizie...è cambiato qualcosa? Lo spero proprio.

Voglio soltanto sottolineare il mio rispetto e la mia comprensione per tutti gli abitanti di zone limitrofe, perché da sempre vengono coinvolti in conflitti che, più di una volta, li ha costretti a prendere posizione per uno o un altro partito, come vediamo attualmente fra i pro-russi e i pro ucraini, con risultati sempre catastrofici: soltanto gli svizzeri hanno trovato una soluzione a questo problema.

In un luminoso giorno dell'inverno siciliano è nato questo progetto, assai strano, lo devi ammettere: uno scambio epistolare fuori tempo, che ora si conclude. Pensa, è passato esattamente un anno dalla tua prima lettera e quante cose sono accadute, quanti pensieri ci siamo scambiate, quanta bellezza abbiamo conosciuto.

Nella tua ultima lettera mi hai scritto appunto della bellezza e ho capito che durante l'infanzia e l'adolescenza non siamo in grado di vedere la bellezza; prima è necessario uscire dal piccolo mondo che all'inizio costituisce la nostra personalità, prendere coscienza di noi, acquistare un certo bagaglio di conoscenze che ci permette di percepire l'oltre. Perché la bellezza è sempre oltre. Questo mi hai fatto capire e ti sono grata: gli occhi imparano a guardare soltanto con la maturità.

Anche questa una scoperta.

Ada

Indice

Libri di Ada Zapperi Zucker

IN LINGUA ITALIANA:

Nuovo dizionario femminile
Pensieri sparsi
2022, 244 pagine, 14,80 €

Il vestitino di Angelica
Romanzo
2021, 192 pagine, 13,80 €

Un pugno di storie
(Coautrice Lorella Rotondi)
Divagazioni e reflessioni
2021, 212 pagine, 12,80 €

Due donne del Sud
24 lettere
2020, 282 pagine, 12,80 €

Una vita di donna in Sicilia
Romanzo
2019, 148 pagine, 12,80 €

Un'infanzia quasi felice
Racconti
2018, 144 pagine, 10,80 €

I padri assenti
Due racconti
2017, 196 pagine, 11,80 €

La casa del nonno
Romanzo
2016, 264 pagine, 13,80 €

La Cucchiara
Una famiglia siciliana
2015, 174 pagine, 12,80 €

Un giorno a Bolzano
Quattro racconti e frammenti di una biografia
2013, 224 pagine, 11,80 €

La scuola delle catacombe
Racconti sudtirolesi
2013, 224 pagine, 9,80 €

Le inquietudini della sora Elsa
Racconti
Edizioni Tabula Fati 2011, 176 pagine, 13,00 €

Das Schweigen
Il Silenzio
Romanzo
2022, 304 pagine, 14,80

In Südtirol und anderswo ...
In Sudtirolo e altrove ...
Racconti
2022, 320 pagine, 14,80

Vikis blaue Augen
Gli occhi azzurri di Viki
Un libro per bambini, CD incluso
2020, 296 pagine, 15,80 €

Herta und andere Geschichten
Herta e altre storie
Erzählungen / Racconti
2019, 100 pagine, 13,80 €

Liebe und andere Verdrießlichkeiten
Amori e altre peripezie
Erzählungen / Racconti
2018, 144 pagine, 11,80 €

Über Frauen und andere Geschöpfe
Storie di donne e altre creature
Erzählungen / Racconti
2015, 128 pagine, 11,80 €

Libri tradotti in tedesco:

Zwischen Lemberg und Meran
Romanzo
2020, 240 pagine, 13,80 €

Das Haus in der Widenmayerstraße
Romanzo
2017, 296 pagine, 13,80 €

Das Unbehagen der Sora Elsa
Racconti
2016, 214 pagine, 13,80 €

Die Katakombenschule
Racconti Sudtirolesi
2013, 248 pagine, 11,80 €

Stampato nel mese di Diceembre 2022
BoD, D-22848 Nordstedt